陪孩子

学汉字

安慎 夏德刚◎编

朴淳◎绘

第一辑·上

大连理工大学出版社
DALIAN UNIVERSITY OF TECHNOLOGY PRESS

图书在版编目（CIP）数据

陪孩子学汉字．第一辑．上/安慎，夏德刚编；朴淳绘．— 大连：大连理工大学出版社，2018.8（2020.7重印）
ISBN 978-7-5685-1531-3

Ⅰ．①陪… Ⅱ．①安…②夏…③朴… Ⅲ．①识字课
— 小学 — 教学参考资料 Ⅳ．① G624.223

中国版本图书馆 CIP 数据核字 (2018) 第 127619 号

陪孩子学汉字

PEI HAIZI XUE HANZI

大连理工大学出版社出版

地址：大连市软件园路 80 号　邮政编码：116023
发行：0411-84708842　传真：0411-84701466　邮购：0411-84708943
E-mail:dutp@dutp.cn　URL:http://dutp.dlut.edu.cn

山东润声印务有限公司印刷　　　　大连理工大学出版社发行

幅面尺寸：168mm×235mm　　　印张：13　字数：108 千字
2018 年 8 月第 1 版　　　　　　 2020 年 7 月第 3 次印刷

责任编辑：陈　玫　　　　　　　　　　责任校对：孟凡彩
装帧设计：刘　超

ISBN 978-7-5685-1531-3　　　　　　　定　价：48.00 元

致追求优秀的家长和孩子们

《陪孩子学汉字》的策划、编撰及制作过程，我多有参与，几无遗漏，所以对此书的认识更全面一点。有鉴于此，我也就不避自吹自擂之嫌，和大家一起聊聊这套书，聊聊汉字学习。

一、为什么要把汉字学好？

首先，汉字学习是走进传统文化殿堂的门径。了解汉字的起源流变，可以感知古人的造字思想和字义演进，也可以体悟承载于文字中的，诸如天地自然、衣食住行的文化信息。

其次，我们都希望孩子学好语文。汉字是语文学习的起点，汉字学好了，语文成绩才能好。正如坊间所说的"得汉字者得语文，得语文者得高考"。

二、《陪孩子学汉字》是写给谁看的？

这套书严格按照一年级语文教材"写字表"编写。适合小学低年级、学前班以及其他开始接触汉字的孩子。

三、《陪孩子学汉字》凭什么能让孩子把汉字学好？

对于汉字的学习，一般来说只要"会读""会写""会扩词""懂字义"就可以了。

1. 会读　全文规范注音，保证孩子们会读、读准。

2. 会写　设置了结构、笔画数、笔顺及描红等功能，让孩子会写、写好。

3. **会扩词** 每个字都列举若干扩词，且难度适宜。

4. **懂得字义** 详解汉字演变过程，避免错用、误用。

以上功能是"对症下药"，而以下的内容，则可以让孩子更优秀：

1. 有基础，有拓展

在讲解汉字的基础上，我们将与该字相关联的传统文化，用历史人物、成语典故、神话故事等简易、有趣的方式介绍给孩子。

2. 有成语，有诗词

每个汉字都有引用成语、古诗词，学汉字也学成语和诗词。

3. 有故事，有历史

每个汉字均有与其相关联的历史人物和故事，有趣轻松，孩子容易接受。

4. 有国画，有书法

每个汉字都配有一幅国画，可以帮助理解记忆汉字，也可以让孩子在潜移默化中得到艺术启蒙。更重要的是，还有"硬笔书法"。每个范字都由书法家手写而成，有详细的笔法、结构提示，还可以扫描二维码，直接观看书法家的书写演示视频。

5. 有知识，有为人

我们在选取每个故事、每个成语、每段诗句时，都依照让"仁义礼智信、温良恭俭让"等优良品质润泽孩子心灵的原则，从而使孩子们在掌握知识的同时也学会做一个有格局的好人。

四、《陪孩子学汉字》怎么读、怎么用？

1. 孩子可以自己阅读，因为有注音。也可以和父母一起阅读、互动，效果会更好。

2. 根据教材或学习进度，每天读一页或者几页，孩子省时间，家长也不累。

3. 可以作为工具书，根据需要检索查询。只要一本书就可以解决所有和汉字相关的学习任务。

以上所言，求实求要，不明之处，以书中内容为详。另因个人学识有限，这套书自是难以完美。不严谨甚或讹误之处，诚望专业人士与读者朋友不吝指正。最后，循例真诚地对画家朴淳女士以及书法家肖方洲先生表示感谢。朴淳女士创作的三百多幅国画插图，为本书大增其色，肖先生的书写演示和讲解，则足以让孩子们的硬笔水平有本质提升。

世事烦扰，勿忘初心。这套书的诞生，原本是因为相关汉字读物与语文教材中的生字不对应，所以我只好自己动手，为读一年级的女儿编写了相关内容。将其分享给其他孩子后，颇受欢迎。故不惮浅薄，予以出版流通，以期自利利他，倘幸如愿，亦算是功德一件。

安 慎

2018 年 5 月 31 日夜

目 录

yī

扩词：一人、一天、一五一十

"一去二三里，烟村四五家"中的"一"字，从甲骨文到今天经历了千百年，写法基本都是"一个横画"。这个横画表示古人在记录数量时画出的那道痕迹，因此，我们说一字最初是用来表示数量的，本义是"数之始"，也就是最小的正整数，比如"一本书""一支笔"。

演变过程 | 一字的前世今生

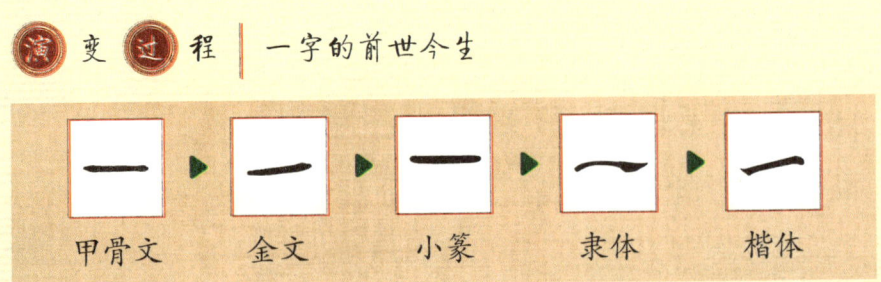

甲骨文　　金文　　小篆　　隶体　　楷体

wǔ dài shí de qí jǐ zài shī zǎo méi zhōng xiě dào qián cūn
五代时的齐己在诗《早梅》中写道"前村

shēn xuě lǐ zuó yè shù zhī kāi zhèng gǔ jiāng shù zhī kāi gǎi
深雪里，昨夜数枝开"，郑谷将 "数枝开"改

wéi yì zhī kāi lǐ yóu shì yì zhī kāi gèng néng tǐ xiàn gāi shī
为 "一枝开"，理由是"一枝开"更能体现该诗

biāo tí zǎo méi de hán
标题"早梅"的含

yì jǐn guǎn zhǐ gǎi dòng le
义。尽管只改动了

yí gè zì dàn qǐ dào le
一个字，但起到了

huà lóng diǎn jīng de zuò yòng
画龙点睛的作用。

yú shì zhèng gǔ bèi chēng wéi
于是郑谷被称为

qí jǐ de yí zì zhī
齐己的"一字之

shī
师"。

一枝独秀

		1画，独体字	笔顺：一
书写要求：起笔稍顿，右上倾斜，中间略细，收笔向右下轻顿。

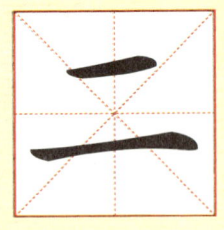

èr

扩词：二月、二十、独一无二

　　"解落三秋叶，能开二月花"中的"二"字，从甲骨文到小篆，都是由两个平行的横画组成，它的本义是指数目，即"一加一的和"，比如"一分为二""一石二鸟"。

　　此外，二字有"两样"的意思，比如"心无二用"。二字还有"不专一"的意思，比如"三心二意"。

演变过程 ┃ 二字的前世今生

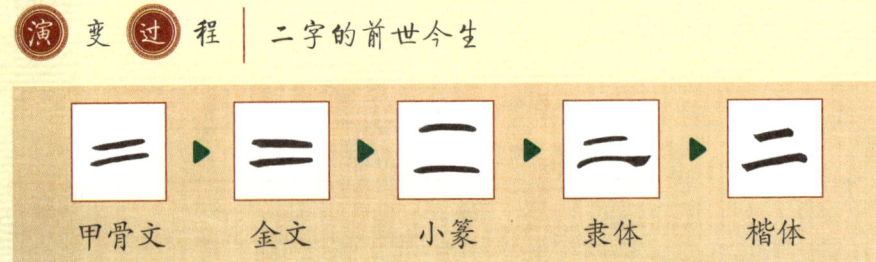

甲骨文　　金文　　小篆　　隶体　　楷体

xiàn zài wǒ men bǎ fàn diàn bīn guǎn zhōng fù zé jiē dài gù kè
现在，我们把饭店、宾馆中负责接待顾客

de rén chēng zuò fú wù yuán ér zài gǔ shí zhè xiē gǎng wèi shang de fú
的人称作服务员，而在古时，这些岗位上的服

wù rén yuán zé bèi chēng zuò diàn xiǎo èr huò zhě xiǎo èr
务人员则被称作"店小二"或者"小二"。

二鼠

二	2画，独体字	笔顺：一 二
	书写要求：短横先轻后重，长横起笔轻顿，行笔逐渐加重，收笔略顿。	
	二 二 二 二	

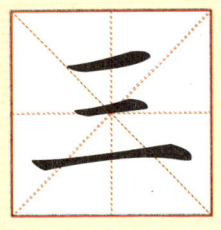

sān

扩词：三只、三天、举一反三

zhè shì yān huā sān yuè xià yáng zhōu de sān zì cóng
这是"烟花三月下扬州"的"三"字。从

jiǎ gǔ wén qǐ xiě fǎ jī běn dōu shì yóu sān gè héng huà cóng shàng dào
甲骨文起，写法基本都是由三个横画从上到

xià pái liè ér chéng tā de běn yì shì biǎo shì shù liàng jí èr jiā yī
下排列而成，它的本义是表示数量，即二加一

de hé bǐ rú sān duǒ huā shì bú guò sān
的和。比如"三朵花""事不过三"。

cǐ wài sān zì hái kě yǐ biǎo shì duō duō cì bǐ rú
此外，"三"字还可以表示"多、多次"，比如

yí rì sān xǐng sān sī ér hòu xíng
"一日三省""三思而后行"。

演 变 过 程 ｜ 三字的前世今生

| 甲骨文 | 金文 | 小篆 | 隶体 | 楷体 |

三只螃蟹

kǒng zǐ céng jīng shuō sān
孔子曾经说："三
rén xíng bì yǒu wǒ shī yān zé
人行，必有我师焉；择
qí shàn zhě ér cóng zhī qí bú
其善者而从之，其不
shàn zhě ér gǎi zhī qí dà yì
善者而改之。"其大意
shì hé wǒ men tóng xíng de rén
是和我们同行的人，
dōu yǒu zhí dé wǒ men xué xí de
都有值得我们学习的
dì fang tā men de yōu diǎn wǒ
地方。他们的优点我
men yào xué xí tā men de quē
们要学习，他们的缺
diǎn wǒ men yào fǎn xǐng zì jǐ
点，我们要反省自己
shì fǒu yǒu rú guǒ yǒu jiù gǎi
是否有，如果有，就改
zhèng
正。

三	3画，独体字	笔顺： 一 二 三

书写要求：第一、二笔先轻后重，三横平行等距，末横最长。

三 三 三 三

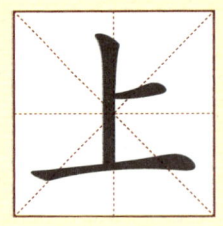

shàng

扩词：上山、上下、七上八下

chuáng qián míng yuè guāng　　yí shì dì shàng shuāng　zhōng de
"床 前 明 月 光 ，疑 是 地 上 霜 " 中 的

shàng　zì　zài jiǎ gǔ wén zhōng xiě zuò　　　　hú xiàn biǎo shì dì
"上 " 字，在 甲 骨 文 中 写 作 "⌒"，弧 线 表 示 地

miàn　duǎn héng xiàn biǎo shì gāo yú dì miàn　zài dì miàn de shàng fāng　　dào
面，短 横 线 表 示 高 于 地 面 、在 地 面 的 上 方 。到

le jīn wén zhōng　xià miàn de hú xiàn biàn chéng le zhí xiàn　ér hòu lái de
了 金 文 中 ，下 面 的 弧 线 变 成 了 直 线 ，而 后 来 的

xiǎo zhuàn　　zé duì shàng biān de bǐ huà jìn xíng le měi huà
小 篆 ，则 对 上 边 的 笔 画 进 行 了 美 化 。

shàng　　de běn yì shì　　wèi zhì zài gāo chù de　　bǐ rú
"上 " 的 本 义 是 "位 置 在 高 处 的 "，比 如

shān shàng　　zhǎng shàng míng zhū　　lìng wài　　shàng zì hái yǒu
"山 上 ""掌 上 明 珠 "。另 外 ，"上 " 字 还 有

cóng dī chù dào gāo chù　de hán yì　bǐ rú　shàng chē　　shàng
"从 低 处 到 高 处 " 的 含 义 ，比 如 "上 车 ""上

lóu
楼 "。

演 变 过 程 | 上字的前世今生

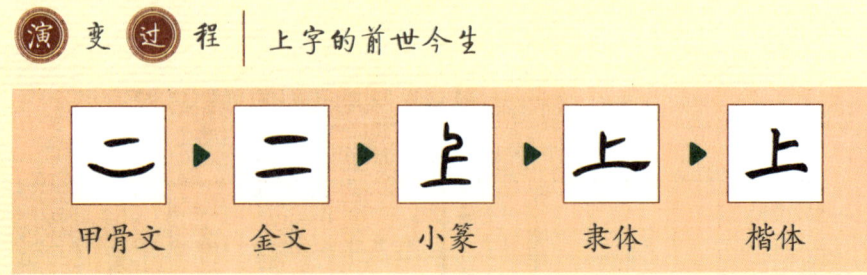

zài hàn yǔ zhōng yǒu yí lèi cí shì yòng lái biǎo shì fāng xiàng huò
在汉语中有一类词是用来表示方向或

zhě wèi zhì de wǒ men bǎ zhè xiē cí jiào zuò fāng wèi cí bǐ rú
者位置的，我们把这些词叫作"方位词"，比如，

shàng xià zuǒ yòu dōng xī nán běi děng
"上""下""左""右""东""西""南""北"等。

上树觅食

上	3画，独体字	笔顺：丨卜上
	书写要求：竖起笔向右下方顿，短横上扬，长横左低右高，头轻尾重。	

上 上 上 上

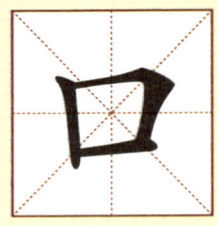

kǒu

扩词：人口、口水、良药苦口

"意欲捕鸣蝉，忽然闭口立"中的"口"是一个象形字，从甲骨文到小篆，"口"字的形体一直就像一张嘴的样子。"口"的本义是"嘴"。后来从本义引申为"出入通过的地方"，比如"出口""港口"。

以"口"为偏旁部首组成的汉字，意义多数和嘴有关，比如"吃""叫""问"。

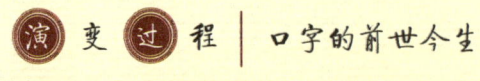

演 变 过 程 ｜ 口字的前世今生

| 甲骨文 | 金文 | 小篆 | 隶体 | 楷体 |

　　xí wǔ de rén xū yào jīng cháng duàn liàn　chàng gē de rén yě děi jīng
习武的人需要经常锻炼，唱歌的人也得经
cháng liàn xí　zhè jiù shì suǒ shuō de　quán bù lí shǒu　qǔ bù lí kǒu
常练习，这就是所说的"拳不离手，曲不离口"，
　　yì si shì zhǐ yǒu qín xué kǔ liàn　cái néng shǐ gōng fu chún shú
意思是只有勤学苦练，才能使功夫纯熟。

饭来张口

口	3画，独体字	笔顺：丨冂口
	书写要求：左竖起笔要顿，向右倾斜，横折处顿笔，末横收笔略出头，上宽下窄。	
	口　口　口　口	

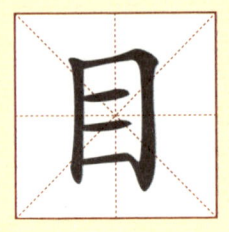

mù

扩词：目光、头目、目不暇接

这是"目无全牛"的"目"字。根据它在甲骨文和金文中的形体，我们可以知道"目"的本义是"眼睛"，比如"目光""赏心悦目"。到了小篆的时候，眼眶中的瞳孔简化为两条直线，并且把整个字竖了起来，这是因为当时的字都是刻在窄长的竹简上的，把"目"字竖起来能更方便刻写。

演变过程 | 目字的前世今生

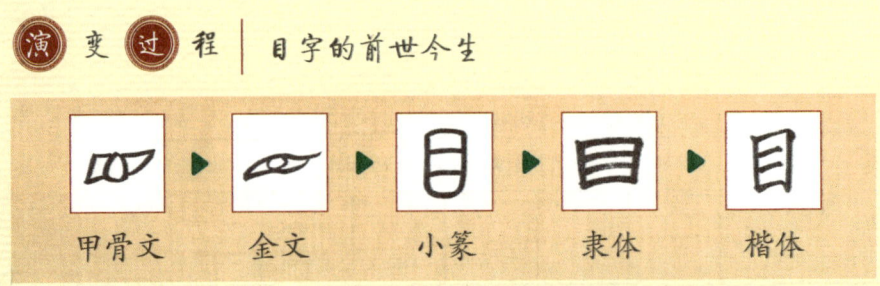

| 甲骨文 | 金文 | 小篆 | 隶体 | 楷体 |

gǔ shí hou yǒu yí gè shā niú de rén shǒu yì bù jīng suǒ yǐ
古时候，有一个杀牛的人，手艺不精，所以

yǎn lǐ suǒ kàn jiàn de shì zhěng gè yì tóu niú   hòu lái   tā jǐ yì jìn
眼里所看见的是整个一头牛。后来，他技艺进

bù dào jìng rán néng kàn dào niú de shēn tǐ jié gòu shèn zhì pí hé gǔ tou
步到竟然能看到牛的身体结构，甚至皮和骨头

zhī jiān de fèng xì   zài yě kàn bú dào zhěng tóu niú le   zhè jiù shì
之间的缝隙，再也看不到整头牛了。这就是

mù wú quán niú   de gù shi
"目无全牛"的故事。

xiàn zài wǒ men yòng mù
现在我们用"目

wú quán niú   lái xíng róng yí
无全牛"来形容一

gè rén de jì yì gāo chāo
个人的技艺高超。

目光炯炯

目	5画，独体字	笔顺：丨冂冂冃目
	书写要求：两竖左短右长，横画间隔均匀。	

ěr

扩词：耳朵、木耳、耳目一新

yǔ jūn gē yì qǔ qǐng jūn wèi wǒ qīng ěr tīng zhōng de
"与君歌一曲，请君为我倾耳听"中的

ěr shì yí gè xiàng xíng zì zài jiǎ gǔ wén hé jīn wén zhōng de xíng
"耳"是一个象形字，在甲骨文和金文中的形

tǐ hěn míng xiǎn jiù shì yì zhī ěr duo suǒ yǐ wǒ men shuō ěr de
体，很明显就是一只耳朵，所以我们说"耳"的

běn yì jiù shì ěr duo hòu lái yǐn shēn wéi mú yàng xiàng ěr duo
本义就是"耳朵"。后来引申为"模样像耳朵

de dōng xi bǐ rú mù ěr yín ěr
的东西"，比如"木耳""银耳"。

yóu yú ěr duo zhǎng zài tóu de liǎng cè suǒ yǐ ěr zì
由于耳朵长在头的两侧，所以"耳"字

yě bèi yòng lái biǎo shì wèi zhì zài páng biān de bǐ rú ěr
也被用来表示"位置在旁边的"，比如"耳

fáng ěr mén
房""耳门"。

演变过程 | 耳字的前世今生

| 甲骨文 | 金文 | 小篆 | 隶体 | 楷体 |

zài shēng huó zhōng　měi gè rén dōu huì tīng dào yì xiē duì zì jǐ
在生活中，每个人都会听到一些对自己

yǒu yì dàn tīng qǐ lái bù shū fu de huà　bǐ rú lǎo shī pī píng zhǐ zhèng
有益但听起来不舒服的话，比如老师批评指正

zì jǐ de cuò wù　péng you zhǐ chū zì jǐ de quē diǎn děng　zhè jiù shì
自己的错误，朋友指出自己的缺点等，这就是

suǒ shuō de　zhōng yán nì
所说的"忠言逆

ěr
耳"！

shì shí shàng　zhèng shì
事实上，正是

zhè xiē tīng qǐ lái bù shū fu
这些听起来不舒服

de zhōng yán zuì néng bāng zhù
的忠言最能帮助

wǒ men gǎi zhèng zì jǐ de
我们改正自己的

quē diǎn
缺点。

挖耳朵

耳	6画，独体字	笔顺： 一 𠃌 𠃍 丌 丌 耳 耳

书写要求：两个竖画距离适中，横画间隔均匀，末横要长。

耳　耳　耳　耳

shǒu

扩词：手上、二手、大手大脚

"慈母手中线，游子身上衣"中的"手"是一个象形字。它在金文和小篆中的形体，上部是五个指头，下部是手臂。由此，我们说"手"的本义是"上肢的前端"，即腕部以下用来拿东西、做事情的部分。比如"握手""爱不释手"。

"手"字还指"专门从事某种事情或者擅长某种事情的人"，比如"歌手""画手"。

演变过程 ｜ 手字的前世今生

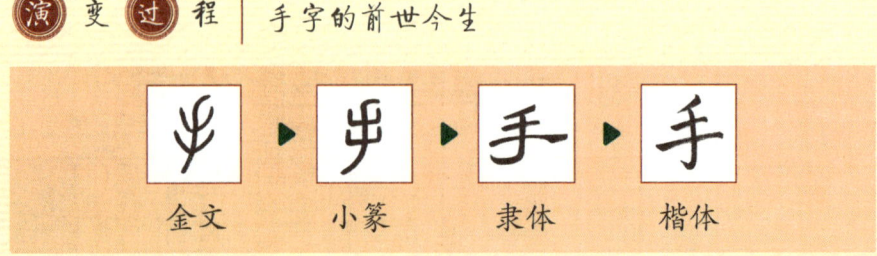

| 金文 | 小篆 | 隶体 | 楷体 |

shǒu bú shì juàn shuō
"手 不 释 卷" 说

de shì guāng wǔ dì liú xiù de
的 是 光 武 帝 刘 秀 的

gù shi guāng wǔ dì liú xiù
故 事。 光 武 帝 刘 秀

shì dōng hàn de dì yī wèi huáng
是 东 汉 的 第 一 位 皇

dì tā bú dàn shì yí gè yǒu
帝,他 不 但 是 一 个 有

zuò wéi de jūn zhǔ hái shì yí
作 为 的 君 主,还 是 一

gè hào xué de rén jù shuō tā
个 好 学 的 人,据 说 他

zài xíng jūn dǎ zhàng de shí hou
在 行 军 打 仗 的 时 候

yě shū bù lí shǒu
也 书 不 离 手。

xiàn zài wǒ men yòng
现 在,我 们 用

shǒu bú shì juàn lái xíng róng
"手 不 释 卷" 来 形 容

yí gè rén qín fèn hào xué
一 个 人 勤 奋 好 学。

写字的手

手	4画,独体字	笔顺: 一 二 三 手
	书写要求:撇短平,两横与撇平行,上部紧凑,竖钩略弯。	

手 手 手 手

日　rì

扩词：日月、日子、日积月累

qiān mén wàn hù tóng tóng rì　zǒng bǎ xīn táo huàn jiù fú　zhōng
"千门万户瞳瞳日，总把新桃换旧符"中
de　rì　zì　běn yì shì　tài yáng　　tài yáng shì yuán de　fā
的"日"字，本义是"太阳"。太阳是圆的，发
chū yào yǎn de guāng máng　yīn cǐ gǔ rén jiù yòng yuán hé héng huò zhě diǎn
出耀眼的光芒，因此古人就用圆和横或者点
zǔ chéng rì　zì　　yuán biǎo shì tài yáng de xíng zhuàng　yì diǎn huò
组成"日"字。圆表示太阳的形状，一点或
zhě yì héng biǎo shì tài yáng de guāng máng
者一横表示太阳的光芒。

yīn wèi zhǐ yǒu bái tiān de shí hou wǒ men cái kàn de dào tài yáng
因为只有白天的时候我们才看得到太阳，
suǒ yǐ rì　zì　yě bèi yòng lái biǎo shì　bái tiān　bǐ rú　yè
所以"日"字也被用来表示"白天"，比如"夜
yǐ jì rì
以继日"。

演 变 过 程 ｜日字的前世今生

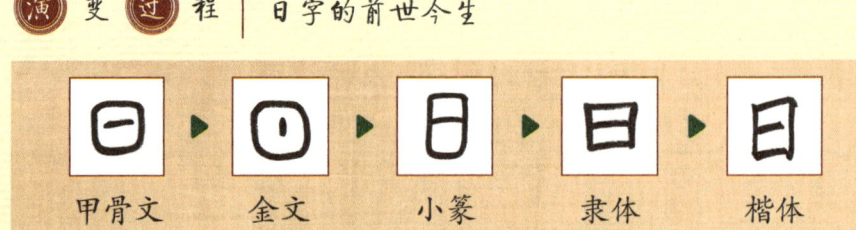

甲骨文　　金文　　小篆　　隶体　　楷体

wǒ guó gǔ dài yǒu yí gè
我 国 古 代 有 一 个

xī hé yù rì de shén huà
"羲 和 浴 日" 的 神 话

gù shi zhè lǐ shuō de xī hé
故 事。 这 里 说 的 羲 和

jiù shì tài yáng de mā ma tā
就 是 太 阳 的 妈 妈, 她

yí gòng yǒu shí gè ér zi yě
一 共 有 十 个 儿 子, 也

jiù shì shí gè tài yáng shí gè
就 是 十 个 太 阳。 十 个

tài yáng lún liú zài tiān kōng zhí
太 阳 轮 流 在 天 空 值

bān zhí bān de tài yáng zài chū
班, 值 班 的 太 阳 在 出

fā qián xī hé dōu huì gěi tā
发 前, 羲 和 都 会 给 他

men xǐ yí gè zǎo rán hòu ràng
们 洗 一 个 澡, 然 后 让

tā men gān gān jìng jìng de qù shàng
他 们 干 干 净 净 地 去 上

bān
班。

旭日东升

4画,独体字	笔顺: 丨冂冂日

书写要求:左竖短、横起笔盖住竖起笔,右竖稍长,三横平行等距。

日

tián

扩词：水田、田园、瓜田李下

"田家少闲月，五月人倍忙"中的"田"
字，本义是"种植农作物的块状土地"。 正
如甲骨文中该字的形体那样，"田"字被划分
成多个方块，有的竟然多达十几块，金文以后
则被简化为四块。

此外，我们把出产某种物资的土地也称
为"田"，比如"油田""煤田"。

演变过程 ┃ 田字的前世今生

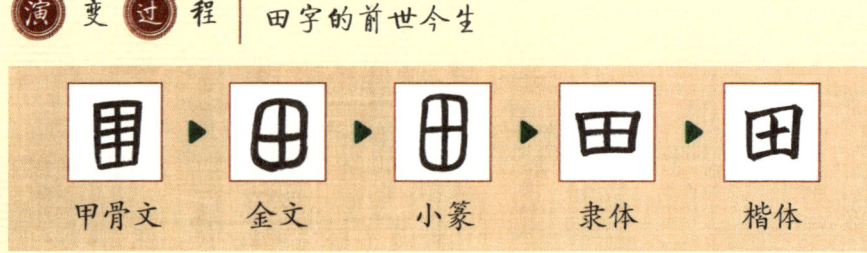

| 甲骨文 | 金文 | 小篆 | 隶体 | 楷体 |

　　sāng tián cāng hǎi　　de yì si shì tián dì biàn chéng dà hǎi　dà
"桑田沧海" 的意思是田地变成大海，大

hǎi yòu biàn chéng tián dì　zhè yàng tiān fān dì fù de chǎng miàn gū jì méi
海又变成田地，这样天翻地覆的场面估计没

rén jiàn guò　dàn chuán shuō zhōng yǒu gè jiào má gū de shén xiān shuō tā qīn
人见过，但传说中有个叫麻姑的神仙说她亲

yǎn kàn dào guò dōng hǎi biàn chéng le tián dì　ér qiě hái kàn dào guò sān
眼看到过东海变成了田地，而且还看到过三

cì　xiàn zài wǒ men yòng zhè gè chéng yǔ lái bǐ yù shì shì biàn huà jù
次！现在我们用这个成语来比喻世事变化巨

dà
大。

田家少闲月

田	5画，独体字	笔顺：一冂冂用田
	书写要求：上宽下窄，左右对称，有竖贯穿，横跑中间。	
	田　田　田　田	

hé

扩词：禾田、禾木、风禾尽起

"谁知田中禾，粒粒心上珠"中的"禾"是一个象形字，它在甲骨文以及金文中的形体就像一株谷子，谷穗沉甸甸地低垂着。

"禾"的最初含义是指"粟"，也就是我们常说的"谷子"。

后来，"禾"字被用作谷类植物的通称。

演变过程 ｜ 禾字的前世今生

| 甲骨文 | 金文 | 小篆 | 隶体 | 楷体 |

　　gǔ zi shì yì zhǒng nóng zuò wù zài wǒ guó yǐ yǒu shù qiān nián
　　谷子是一种农作物，在我国已有数千年

de zāi zhòng lì shǐ　 nǐ zhī dào gǔ zi tuō le ké yǐ hòu jiào shén me
的栽种历史。你知道谷子脱了壳以后叫什么

ma　 gǔ zi tuō le ké yǐ hòu jiù shì sú chēng de xiǎo mǐ
吗？谷子脱了壳以后就是俗称的小米。

风禾尽起

禾	5画，独体字	笔顺：一 二 千 禾 禾
	书写要求：撇短稍平，横短上斜，撇伸捺展。	

huǒ

扩词：大火、火山、风风火火

"月落乌啼霜满天，江枫渔火对愁眠"
中的"火"字，在甲骨文中写作"𣲷"，看起来
是不是很像一堆熊熊燃烧的柴火？"火"字
的本义是"燃烧时发出的光焰和热量"，比如
"火把""火上浇油"。

另外，"火"还有"发脾气、发怒"的意思，
比如"发火""火冒三丈"。

演 变 过 程 ｜ 火字的前世今生

| 甲骨文 | 小篆 | 隶体 | 楷体 |

wǒ men de zǔ xiān zài cháng qī de láo dòng guò chéng zhōng fā míng
我们的祖先在长期的劳动过程中，发明

le dǎ jī mó zuàn děng qǔ huǒ de fāng fǎ huǒ de fā míng hé shǐ
了打击、磨、钻等取火的方法。火的发明和使

yòng shǐ rén men chī shàng le gèng měi wèi gèng yì xiāo huà gèng wèi shēng
用，使人们吃上了更美味、更易消化、更卫生

de shí wù zēng qiáng le rén men de tǐ zhì yán cháng le rén men de shòu
的食物，增强了人们的体质，延长了人们的寿

mìng
命。

huǒ duì rén lèi fēi cháng zhòng
火对人类非常重

yào dāng rán huǒ yǒu shí yě huì gěi
要，当然火有时也会给

wǒ men dài lái má fan bǐ rú sēn lín
我们带来麻烦，比如森林

huǒ zāi děng
火灾等。

灯火如豆

火	4画，独体字	笔顺：丶丶丿火

书写要求：点撇呼应，第三笔先竖后撇，撇捺对称。

火　火　火　火

chóng

扩词：虫子、小虫、雕虫小技

qīng chóng yě xué zhuāng zhōu mèng huà zuò nán yuán jiá dié fēi
"青虫也学庄周梦，化作南园蛱蝶飞"

zhōng de chóng zì ràng wǒ men hěn róng yì xiǎng dào xiǎo xiǎo de shēn
中的"虫"字，让我们很容易想到"小小的身

tǐ ruǎn ruǎn de qū gàn niǔ dòng zhe wěi ba děng xíng xiàng
体""软软的躯干""扭动着尾巴"等形象。

gēn jù zhè xiē jī běn tè zhēng gǔ rén jiù yòng huò zhè yàng de
根据这些基本特征，古人就用"ᘯ"或"ᘰ"这样的

fú hào lái biǎo shì chóng zi shì bú shì fēi cháng xíng xiàng a
符号来表示"虫子"，是不是非常形象啊！

演变过程 | 虫字的前世今生

| 甲骨文 | 金文 | 小篆 | 隶体 | 楷体 |

拓 文 展 字 | 老虎其实是个虫

我们在看书的时候，经常会见到"大
虫""长虫"这两个词语。你知道它们分别
是指什么吗？告诉你吧，大虫指的是老虎，长
虫指的是蛇。

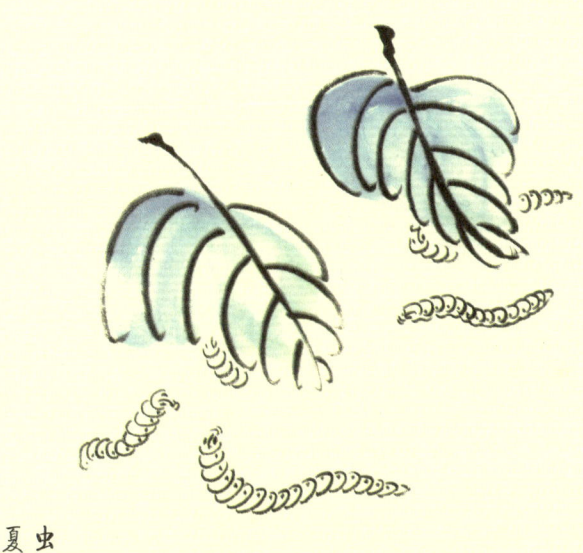

夏虫

虫	6画，独体字	笔顺：丨丨冂冂中虫虫
	书写要求：口要宽扁，竖要上伸，先重后轻，点要虚接，先轻后重。	

虫　虫　虫　虫

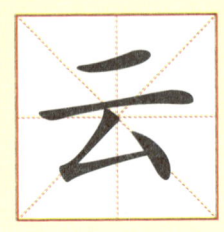

yún

扩词：白云、云海、云消雾散

"远上寒山石径斜，白云生处有人家"
呈现给我们的是一幅优美的山水画卷，山
高天寒，白云朵朵，一层层、一团团，随风飘
动！正如甲骨文中的"云"字，两个横画表
示云层，下面的笔画表示云朵卷曲的样子。
而小篆中的"云"字，上半部分增加了一个
雨（雨）字，表示"云"是由水汽凝结而成的，
这些水汽凝结成的水滴从云中落下来就是雨
滴。

演 变 过 程 ｜ 云字的前世今生

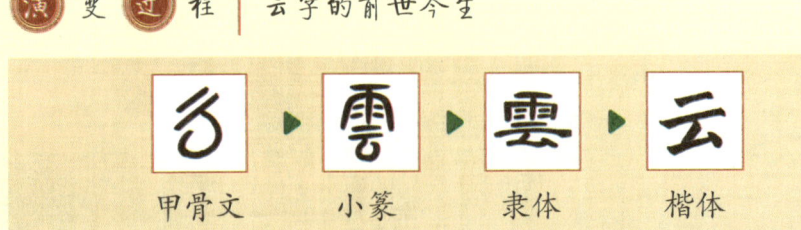

| 甲骨文 | 小篆 | 隶体 | 楷体 |

拓 文 展 字 | 孙悟空的座驾

ràng wǒ men lái xiǎng yi xiǎng sūn wù kōng jiǎo xià cǎi de nà duǒ yún
让我们来想一想孙悟空脚下踩的那朵云

jiào shén me míng zi shì de jiào jīn dǒu yún cǎi shàng jīn dǒu
叫什么名字？是的，叫"筋斗云"。踩上筋斗

yún sūn wù kōng yí gè gēn tou jiù néng zǒu shí wàn bā qiān lǐ shì bú
云，孙悟空一个跟头就能走十万八千里，是不

shì hěn kuài a
是很快啊！

孤
云

云	4画，独体字	笔顺： 一 二 云 云
	书写要求：两横平行，上横短、下横长，点画稍重。	

shān

扩词：上山、山水、千山万水

"远看山有色，近听水无声"中的"山"是一个象形字。群峰相连，高低起伏，从远处看去就像"⛰"，因此甲骨文中就用"⛰"这个符号来表示"山"。"山"的本义是"陆地上高耸突起的部分"。比如"江山""开门见山""山清水秀"。

演 变 过 程　山字的前世今生

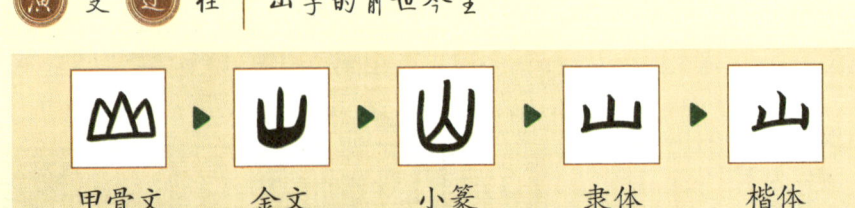

gǔ shí hou yǒu yí gè yú gōng　yīn wèi yǒu liǎng zuò dà shān dǎng
古 时 候 有 一 个 愚 公，因 为 有 两 座 大 山 挡

zhù le lù　dǎo zhì tā chū rù dōu yào rào xíng　suǒ yǐ tā jué dìng nuó
住 了 路，导 致 他 出 入 都 要 绕 行，所 以 他 决 定 挪

kāi zhè liǎng zuò shān　tā hé jiā rén yì qǐ záo shí　wā tǔ　zài bǎ
开 这 两 座 山。他 和 家 人 一 起 凿 石、挖 土，再 把

cóng shān shàng wā xià de shí
从 山 上 挖 下 的 石

tǔ yùn zǒu　tā men jiù zhè
土 运 走，他 们 就 这

yàng yì zhí wā　zhōng yú
样 一 直 挖，终 于

gǎn dòng le tiān dì　yú shì
感 动 了 天 帝，于 是

tiān dì mìng lìng dà lì shén
天 帝 命 令 大 力 神

bǎ zhè liǎng zuò shān bēi zǒu
把 这 两 座 山 背 走

le　zhè jiù shì "yú
了。这 就 是 "愚

gōng yí shān　de gù shi
公 移 山" 的 故 事。

山清水秀

山	3画,独体字	笔顺：丨 山 山						
	书写要求：第一笔竖要先重后轻，竖折左低右高，右竖出脚。							
	山	山	山	山				

bā

扩词：八个、十八、才高八斗

dài dào qiū lái jiǔ yuè bā wǒ huā kāi hòu bǎi huā shā zhōng
"待到秋来九月八，我花开后百花杀"中
de bā zì zài jiǎ gǔ wén jīn wén yǐ jí xiǎo zhuàn zhōng dōu
的"八"字，在甲骨文、金文以及小篆中都
xiě zuò duì chèn de liǎng gè qū huà tā de běn yì shì fēn kāi yì
写作对称的两个曲画，它的本义是"分开，一
fēn wéi èr nà wèi shén me xiàn zài yòng bā lái biǎo shì shù liàng
分为二"。那为什么现在用"八"来表示数量
ne yuán lái gǔ dài céng jīng shì shí liù jìn zhì shí liù liǎng shì
呢？原来古代曾经是"十六进制"，十六两是
yì jīn yì fēn wéi èr hòu jiù shì bā liǎng yīn cǐ biǎo shì yì
一斤，一分为二后就是八两。因此表示"一
fēn wéi èr de bā jiù bèi yòng lái biǎo shì shí liù de yí
分为二"的"八"就被用来表示"十六"的一
bàn yě jiù shì shù liàng bā le
半，也就是数量"八"了。

演变过程 | 八字的前世今生

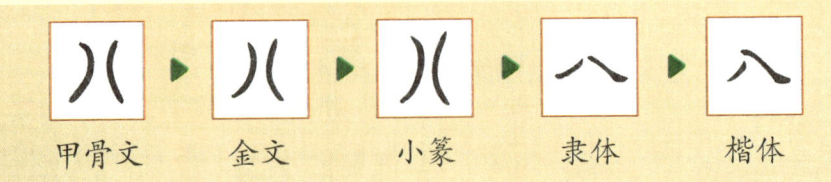

甲骨文　金文　小篆　隶体　楷体

nǐ jiàn guò bā xiān zhuō ma tā wèi shén me jiào bā xiān
你见过"八仙桌"吗？它为什么叫八仙

zhuō qí shí bā xiān zhuō jiù shì chǐ cùn jiào dà de fāng xíng zhuō
桌？其实，八仙桌就是尺寸较大的方形桌

zi měi biān kě yǐ zuò liǎng gè rén nà me sì biān yí gòng jiù kě
子，每边可以坐两个人，那么四边一共就可

yǐ zuò bā gè rén yīn cǐ bèi chēng wéi bā xiān zhuō
以坐八个人，因此被称为八仙桌。

bā xiān zhuō shì zhōng huá mín zú chuán tǒng jiā jù zhī yī
八仙桌是中华民族传统家具之一。

八月吃瓜

	2画，独体字	笔顺： ノ 八
八	书写要求：起笔向右下方顿，先重后轻，捺从撇头上起，水平出捺脚。	
	八 八 八 八	

shí

扩词：十人、十二、十全十美

tíng zhōng zāi dé hóng jīng shù   shí yuè huā kāi bú dài chūn
"庭中栽得红荆树，十月花开不待春"

zhōng de   shí   zì   zài jiǎ gǔ wén zhōng yòng yí gè shù huà lái biǎo
中的"十"字，在甲骨文中用一个竖画来表

shì   jīn wén zhōng de   shí   zé shì zài shù huà zhōng jiān jiā yí gè
示，金文中的"十"则是在竖画中间加一个

cū diǎn   kàn qǐ lái xiàng yí gè shéng zi dǎ le yí gè jié   zhè gè
粗点，看起来像一个绳子打了一个结，这个

cū diǎn hòu lái yǎn biàn chéng héng huà   shí   zì yuán běn yòng lái biǎo
粗点后来演变成横画。"十"字原本用来表

shì shù mù   bǐ rú   shí tiān   shí yǒu bā jiǔ   hòu lái yě
示数目，比如"十天""十有八九"。后来也

bèi yòng lái biǎo shì   duō de yì si   bǐ rú   shí nián hán chuāng
被用来表示"多"的意思，比如"十年寒窗"

zhōng de   shí nián   bìng bú shì zhǐ shí nián   ér shì xíng róng hěn cháng
中的"十年"并不是指十年，而是形容很长

shí jiān   hěn duō nián
时间、很多年。

演变过程 ┃ 十字的前世今生

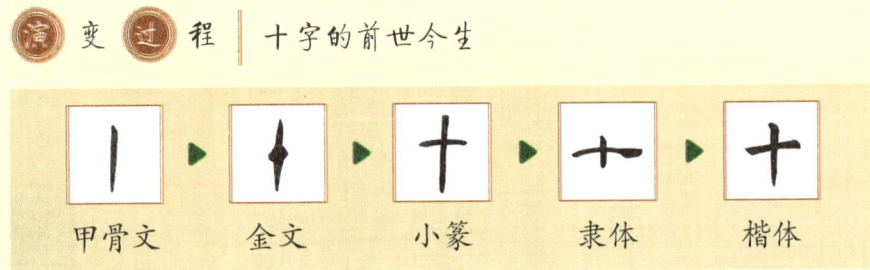

甲骨文　　金文　　小篆　　隶体　　楷体

金秋十月

"以一当十"的意思是一个人可以抵挡十个人，形容作战英勇。秦朝末年，天下大乱，在一次救援赵国的战斗中，楚霸王项羽率军渡河后，把船沉入水底，把做饭的锅砸烂，要和敌人决一死战，于是士兵们斗志昂扬、奋不顾身，每个士兵都能一个人抵挡十个敌人，最终项羽率领的楚军打败了强大的秦国军队。这就是成语"以一当十"的由来。

十	2画，独体字	笔顺：一 十
	书写要求：横长竖短、竖为悬针竖，横竖相交于中点。	

41

le

扩词：来了、好了

"事了拂衣去，深藏身与名"中的"了"是一个象形字，它在小篆中的形体就像一个婴儿，大大的脑袋，胳膊、腿和身体被包裹起来，而这也是"了"字的本义。"了"字还有"明白、知道"的意思，比如"了解""一目了然"。此外，"了"字还被用来表示"结束"的意思，比如"了断""一笑了之"。

"了"是一个多音字，又读作"le"，比如"吃了""好了"等。

演变过程 | 了字的前世今生

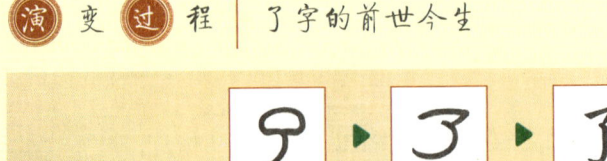

小篆　　　隶体　　　楷体

shuō qǐ chán dà jiā dōu bú mò shēng chán yě jiào zhī
说起"蝉"，大家都不陌生，蝉也叫"知

liǎo měi dāng zài xià tiān zuì rè de nà duàn shí jiān lǐ zhī liǎo men
了"。每当在夏天最热的那段时间里，知了们

jiù bù zhī pí juàn de jiào nà me shì bú shì suǒ yǒu de zhī liǎo dōu huì
就不知疲倦地叫，那么是不是所有的知了都会

jiào ne dá àn shì fǒu dìng de yīn wèi huì míng jiào de zhǐ yǒu xióng xìng
叫呢？答案是否定的，因为会鸣叫的只有雄性

zhī liǎo
知了。

高高了

了	2画，独体字	笔顺：一 了
	书写要求：横上斜、折处顿，撇在竖中线上收笔，弯钩起收笔在竖中线上。	

zǐ

扩词：父子、子弹、子虚乌有

dòu yān shān yǒu yì fāng jiào wǔ zǐ míng jù yáng zhōng de
"窦燕山，有义方，教五子，名俱扬"中的
zǐ shì yí gè xiàng xíng zì dà dà de nǎo dai jǔ qǐ de gē
"子"是一个象形字。大大的脑袋，举起的胳
bo liǎng tiáo tuǐ bèi kǔn bǎng zhe zhè jiù shì wǒ men cháng jiàn de yīng ér
膊，两条腿被捆绑着，这就是我们常见的婴儿
de mú yàng ér yīng ér zhèng shì zǐ zì de běn yì
的模样，而"婴儿"正是"子"字的本义。

zǐ zài gǔ shí hou zhǐ ér zi hé nǚ ér dàn xiàn zài
"子"在古时候指"儿子和女儿"，但现在，
zǐ zhǐ yòng lái zhǐ ér zi
"子"只用来指"儿子"。

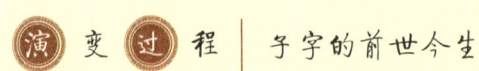

演 变 过 程 ｜ 子字的前世今生

| 甲骨文 | 金文 | 小篆 | 隶体 | 楷体 |

chuán shuō zhōu wén wáng yǒu jiǔ shí jiǔ
传 说周文王有九十九

gè ér zi hòu lái yòu zài lù shàng jiǎn
个儿子，后来又在路上捡

dào le yí gè ér zi léi zhèn zǐ
到了一个儿子"雷震子"，

yú shì tā jiù yǒu le yì bǎi gè ér
于是他就有了一百个儿

zi
子。

rén men gēn jù zhè gè chuán shuō
人们根据这个传说

chuàng zuò le bǎi zǐ tú yòng yǐ
创作了"百子图"，用以

biǎo dá rén dīng xīng wàng duō zǐ
表达"人丁兴旺""多子

duō fú děng jí xiáng de yù yì hé yuàn
多福"等吉祥的寓意和愿

wàng
望。

春日教子

子	3画，独体字	笔顺：一 了 子
	书写要求：前两笔同"了"，末横左低右高，与弯钩交点靠近弯钩的起笔。	

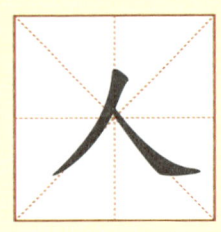

rén

扩词：大人、工人、人来人往

"遥知兄弟登高处，遍插茱萸少一人" 中的"人"字，在甲骨文和金文中的形体就像一个侧面看上去的人，身体微微前倾，手臂向前伸出。小篆的"人"字更像一个人弯下腰劳动的样子。

演变过程 ｜ 人字的前世今生

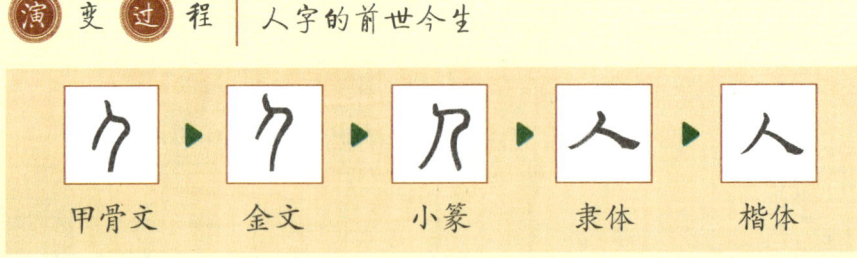

| 甲骨文 | 金文 | 小篆 | 隶体 | 楷体 |

拓 **文** 展 **字** | 人过留名，雁过留声

rén guò liú míng   yàn guò liú shēng   zhè jù huà gào sù wǒ men
"人过留名，雁过留声"，这句话告诉我们，

jiù lián hóng yàn zài kōng zhōng fēi guò shí dōu huì liú xià jiào shēng   ér zuò
就连鸿雁在空中飞过时都会留下叫声，而作

wéi   rén   jiù gèng yīng gāi shí kè zhù yì zì jǐ de yán xíng jǔ zhǐ
为"人"，就更应该时刻注意自己的言行举止，

liú xià yí gè hǎo míngshēng
留下一个好名声。

劳动人民最光荣

	2画，独体字	笔顺： ノ 人
人	书写要求：撇从竖中线起笔、行笔要斜，捺从撇的上部起笔，捺脚顿笔、水平出锋	

47

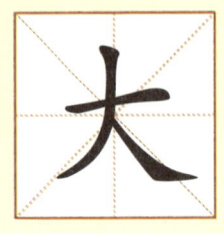

dà

扩词：大山、大口、大好河山

　　"地白风色寒，雪花大如手"中"大"字的形体，从甲骨文到小篆都是一个正面、直立的人。看来我们的祖先很早就认识到人是天地之间最伟大的生物。因此，古人就用正面的人形来表示"大"，它的本义是"超过一般的或者超过比较的对象"，比如"大雨""大千世界"。

　　"大"是一个多音字，它还有一个读音"dài"，比如"大夫"。

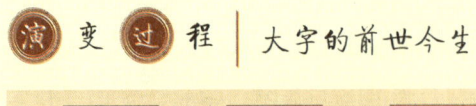

演变过程 | 大字的前世今生

| 甲骨文 | 金文 | 小篆 | 隶体 | 楷体 |

有一个成语叫"大智若愚"，意思是一个人从来不去斤斤计较，也不会像刺猬一样锋芒毕露，相反看起来还有点愚笨，事实上这样的人只是不把心思用在无关紧要的事情上，他们更关注理想和价值，这样的做法是有道德和有智慧的表现。

大显身手

大	3画，独体字	笔顺： 一 ナ 大
	书写要求：横上扬，不宜过长，撇要先竖后撇，撇捺对称，三笔交于一点。	

大 大 大 大

49

yuè

扩词：岁月、一月、清风明月

"月有阴晴圆缺"中的"月"是一个象形字。甲骨文以及金文中的"月"字看起来就像一轮弯弯的明月，而"月"字的本义正是"月亮"。那么，古人为什么要用弯月的形状而不用圆月的形状来表示"月"字呢？大概是因为月亮圆的时候少而不圆的时候多吧！

"月"字除了表示"月亮"之外，还被用来作为计时单位，比如"三个月"。

演变过程 ｜ 月字的前世今生

甲骨文　　金文　　小篆　　隶体　　楷体

gǔ rén rèn wéi shān yǒu shān shén hé yǒu hé shén ér yuè shén zé
古人认为山有山神，河有河神，而月神则

shì cháng é yě shì nà gè shè diào jiǔ gè tài yáng de hòu yì de qī
是嫦娥，也是那个射掉九个太阳的后羿的妻

zi chuán shuō hòu yì cóng xī
子。传说后羿从西

wáng mǔ nàr qiú dé yì bāo bù
王母那儿求得一包不

sǐ yào jiāo gěi cháng é yì
死药交给嫦娥。一

tiān páng méng bī cháng é jiāo
天，逢蒙逼嫦娥交

chū bù sǐ yào wēi jí zhī xià
出不死药，危急之下

cháng é yì kǒu bǎ yào tūn le
嫦娥一口把药吞了

xià qù yú shì tā fēi shàng
下去，于是，她飞上

le tiān yóu yú qiān guà zhàng
了天。由于牵挂丈

fu tā biàn fēi luò zài lí rén
夫，她便飞落在离人

jiān zuì jìn de yuè liang shàng chéng
间最近的月亮上 成

le yuè shén
了"月神"。

月明风清

月	4画，独体字	笔顺： 丿 刀 月 月
	书写要求：横折钩在撇的头上起笔，折处顿笔，行至钩处先向左下顿，钩向左上方挑出。	

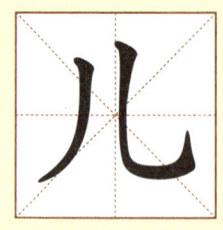

ér

扩词：儿子、儿女、非同儿戏

"儿童散学归来早，忙趁东风放纸鸢"
中的"儿"字，从甲骨文到小篆，看起来都像
一个婴儿。上部是婴儿的脑袋，脑袋上的囟
门（也叫顶门儿）还没合拢，这正是婴儿的特
征。

"儿"字的本义是"婴儿"，后来又被用来
表示"男孩子"以及"年轻的人（多指年轻男
子）"等。

演变过程 ｜ 儿字的前世今生

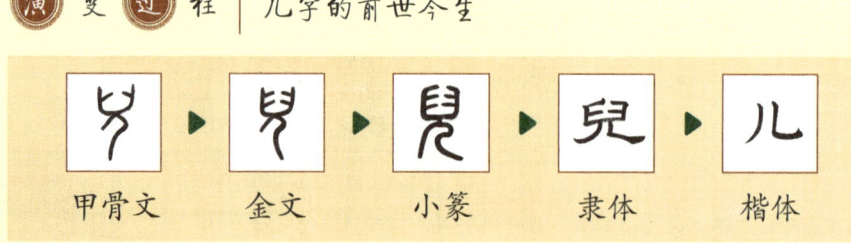

| 甲骨文 | 金文 | 小篆 | 隶体 | 楷体 |

jìn cháo shí de dèng bó dào　　zài táo wáng lú zhōng　tuó rén de
晋朝时的邓伯道，在逃亡途中，驮人的

niú　mǎ bèi qiáng dào qiǎng zǒu le　qíng kuàng shí fēn wēi jí　yīn cǐ
牛、马被强盗抢走了，情况十分危急。因此，

tā zhǐ hǎo pāo qì ér zi　bǎo quán le zhí zi de xìng mìng　hòu lái
他只好抛弃儿子，保全了侄子的性命。后来，

dèng bó dào zài yě méi néng yǒu zì jǐ de ér zi　zhè jiù shì　bó dào
邓伯道再也没能有自己的儿子。这就是"伯道

wú ér　de yóu lái
无儿"的由来。

hòu lái　rén men yòng zhè gè chéng yǔ lái biǎo dá duì tā rén wú
后来，人们用这个成语来表达对他人无

zǐ de wǎn xī hé tóng qíng
子的惋惜和同情。

儿童散学归来早

儿	2画，独体字	笔顺：丿儿
	书写要求：竖撇宜短，竖弯钩起笔要高，弯要自然，钩向正上方。	

儿　儿　儿　儿

tóu

扩词：口头、人头、三天两头

"小荷才露尖尖角，早有蜻蜓立上头"
中的"头"，在简体字以前的写法都是左边
一个"豆"，右边一个"页"。它的本义是指
人的最上部或动物的最前部，比如"埋头苦
干""虎头蛇尾"。

因为动物都只有一个头，所以人们用头来
作为计算动物的量词。比如"一头牛""三头
猪"等。

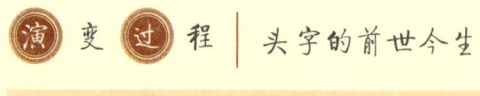

金文　小篆　隶体　楷体

"头痛医头，脚痛医脚"是指哪里不舒服就医治哪里，事实上引发疼痛的病根可能在其他部位。比喻解决问题时不从整体考虑，不找问题的根源，只做表面工作。

摸头

头	5画，独体字	笔顺：丶丷三头头
	书写要求：两点上下排列，横斜托上，撇为斜撇，末笔为点，指向中心	

头　头　头　头

里 **lǐ**

扩词：山里、手里、万里无云

"千里莺啼绿映红，水村山郭酒旗风" 中的 "里" 字，从金文以来都是由 "田" 和 "土" 两个字组合而成的。在古代，人们通过耕田来获得食物，在土地上盖房子居住，逐渐就形成了聚居的地方，这个大家聚居的地方就被称为 "里"，比如 "故里"。

另外，"里" 字还是一个长度单位，五百米为一里，比如 "千里江山" "万里长征"。

演 变 过 程 ｜ 里字的前世今生

金文 　 小篆 　 隶体 　 楷体

拓 **文** 展 **字** │ 不积跬步，无以至千里

　　　　bù jī kuǐ bù wú yǐ zhì qiān lǐ　　　yì si shì shuō yì qiān
　　"不积跬步，无以至千里。"意思是说一千
lǐ yuǎn de lù yě shì yí bù yí bù de zǒu chū lái de　suǒ yǐ wú
里远的路也是一步一步地走出来的。所以无
lùn shì xué xí hái shì zuò shì qing　wǒ men dōu yīng gāi jiǎo tà shí dì
论是学习还是做事情，我们都应该脚踏实地，
jiān chí bú xiè cái néng dá dào mù dì
坚持不懈才能达到目的。

十里明湖

里	7画，独体字	笔顺：丨冂冂曰曱里里
	书写要求："日"字上宽下窄，横画间距均匀，竖居正中。	
	里 里 里 里	

kě

扩词：可口、可人、可有可无

"江南可采莲，莲叶何田田"中"可"字的意思是"允许、能够"，比如"认可""可以"。

"可"字还有"适合"的意思，比如"可口"。

"可"是一个多音字，还读作"kè"。比如，古代蒙古族、鲜卑族的君主就被称为"可汗"。

演变过程 | 可字的前世今生

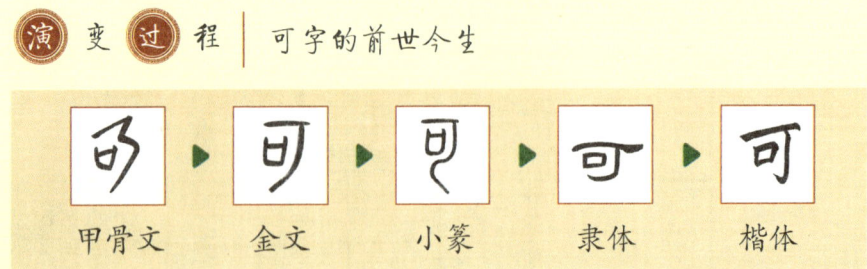

甲骨文　金文　小篆　隶体　楷体

拓 文 展 字 | 要长本事但别长骄傲

"傲不可
ào bù kě

长"的意思是
zhǎng de yì si shì

我们在得意
wǒ men zài dé yì

的时候，不可
de shí hou bù kě

以滋生骄傲
yǐ zī shēng jiāo ào

的心理，也不
de xīn lǐ yě bù

可以做出轻视
kě yǐ zuò chū qīng shì

别人的言行，
bié rén de yán xíng

否则不但会退
fǒu zé bú dàn huì tuì

步，而且还会
bù ér qiě hái huì

成为一个不
chéng wéi yí gè bú

受尊重的人。
shòu zūn zhòng de rén

江南可采莲
莲叶何田田

可	5画，独体字	笔顺：一 丁 丁 可 可
	书写要求：横画略长，口小偏左上，竖钩直挺，起笔靠近"口"。	可 可 可 可

59

dōng

扩词：东西、东方、大江东去

"等闲识得东风面，万紫千红总是春" 中的 "东" 字，在甲骨文中的形体像一个两端扎起来的、装满东西的大口袋，也就是说 "东" 是 "橐"（意思是口袋）的本字，只是后来被借用来表示方向，比如 "东方" "旭日东升"

演变过程 ┃ 东字的前世今生

| 甲骨文 | 金文 | 小篆 | 隶体 | 楷体 |

gǔn gǔn cháng jiāng dōng shì shuǐ   yì jiāng chūn shuǐ xiàng dōng liú
滚滚长江东逝水、一江春水向东流……

nǐ xiǎng guò wèi shén me wǒ men duō shù shí hou zǒng shì shuō shuǐ wǎng dōng
你想过为什么我们多数时候总是说"水往东

liú ma yuán lái wǒ men guó jiā de dì shì zǒng tǐ lái shuō shì xī
流"吗？原来我们国家的地势总体来说是西

biān gāo dōng biān dī ér shuǐ de tè diǎn zhī yī
边高东边低，而水的特点之一

jiù shì cóng gāo chù wǎng dī chù liú yīn cǐ
就是从高处往低处流，因此

cái yǒu le yǐ shàng tí dào de shuō fǎ
才有了以上提到的说法。

小鱼东游

东	5画，独体字	笔顺：一 龙 午 东 东
	书写要求：横要上斜，左点与"折"对正，右点指向中心，竖钩居中。	

西

XĪ

扩词：西北、西方、东西南北

"劝君更尽一杯酒，西出阳关无故人"
中的"西"字，本义是"栖（意思是鸟类歇
息）"。只是后来被借用来表示方向，比如"西
方""东张西望"。

甲骨文和金文中"西"字看起来像一个鸟
窝，而在小篆中，"鸟窝"上又站了一只鸟。
我们都知道，鸟儿回到鸟窝休息时一般是太阳
落山的时候，而太阳落下去的地方正是西
边。所以"西"字被用来表示太阳落山的方
向，也是有一些道理的。

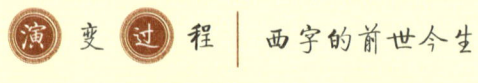

演 变 过 程 ｜ 西字的前世今生

| 甲骨文 | 金文 | 小篆 | 隶体 | 楷体 |

xī shī shì zhōng guó lì shǐ shàng de sì dà měi nǚ zhī yī xī
西施是中国历史上的四大美女之一，西

shī xìng xī ma xī shī qí shí xìng shī quánmíng shì shī yí guāng yīn
施姓西吗？西施其实姓施，全名是施夷光。因

wèi tā shì xī cūn zi lǐ xìng shī de gū niang suǒ yǐ jiù jiào xī shī
为她是西村子里姓施的姑娘，所以就叫西施。

西回

西	6画，独体字	笔顺：一 ｢ 冂 丙 西 西
	书写要求：首横要短，框要宽扁，框内笔画分布均匀，三横平行。
	西　西　西　西

tiān

扩词：天上、白天、水天一色

wǒ quàn tiān gōng chóng dǒu sǒu　bù jū yì gé jiàng rén cái
"我劝天公重抖擞，不拘一格降人才"
zhōng de tiān zì zài jiǎ gǔ wén yǐ jí jīn wén zhōng de xíng tǐ
中的"天"字，在甲骨文以及金文中的形体，
kàn qǐ lái xiàng zhèng miàn zhàn lì de rén yòng huò héng huà
看起来像正面站立的人，用"口"或"横画"
lái tū chū biǎo xiàn qí tóu bù suǒ yǐ wǒ men shuō tiān de běn yì
来突出表现其头部。所以我们说"天"的本义
yīng gāi shì tóu tóu dǐng
应该是"头、头顶"。

tóu dǐng de shàng fāng jiù shì tiān kōng yīn cǐ tiān zì hòu lái
头顶的上方就是天空，因此"天"字后来
yòu bèi yòng lái biǎo shì tiān kōng bǐ rú lán tiān dǐng tiān lì
又被用来表示"天空"，比如"蓝天""顶天立
dì cǐ wài wǒ men bǎ yí zhòu yè chēng wéi yì tiān
地"。此外，我们把"一昼夜"称为"一天"，
bǐ rú měi tiān
比如"每天"。

演变过程 天字的前世今生

甲骨文　金文　小篆　隶体　楷体

yí gè rén tóu dǐng qīng tiān   jiǎo tà dà dì   qì gài háo mài   yòng
一个人头顶青天、脚踏大地、气概豪迈，用

chéng yǔ shuō jiù shì   dǐng tiān lì dì   zhōng guó lì shǐ shàng xǔ duō
成语说就是"顶天立地"。中国历史上许多

yīng xióng rén wù   wèi le guó jiā hé mín zú lì yì jū gōng jìn cuì   shèn
英雄人物，为了国家和民族利益鞠躬尽瘁，甚

zhì xī shēng le shēng mìng   wǒ men yīng gāi xué xí zhè zhǒng wàng wǒ de jīng
至牺牲了生命，我们应该学习这种忘我的精

shén   zuò yí gè   dǐng tiān lì dì   de rén
神，做一个"顶天立地"的人！

天高云淡

天	4画，独体字	笔顺： 一 二 于 天
	书写要求：两横平行，第二横不宜过长，第二三四笔交于一点，捺画先轻后重。	

四 sì

"人间四月芳菲尽，山寺桃花始盛开"中的"四"字，在甲骨文和金文中写作排列在一起的四条横线。根据数量的多少来刻画痕迹是古人的一种记数方法，由此我们说"四"字最初也是被用来表示数量的，比如"一年四季""四面楚歌"。

后来，"三"在小篆中演变为"四"，和现在的写法就很接近了。

演 变 过 程 ┃ 四字的前世今生

甲骨文　　金文　　小篆　　隶体　　楷体

dà jiā tīng shuō guò   sì bú xiàng ma
大家听说过"四不像"吗？

sì bú xiàng   jiù shì mí lù   yīn wèi tā
"四不像"就是麋鹿，因为它

de jiǎo xiàng lù   liǎn xiàng mǎ   tí zi xiàng
的角像鹿，脸像马，蹄子像

niú   wěi ba xiàng lú   dàn sì lù fēi
牛，尾巴像驴，但似鹿非

lù   sì mǎ fēi mǎ   sì niú fēi niú
鹿，似马非马，似牛非牛，

sì lú fēi lú   suǒ yǐ bèi chēng wéi
似驴非驴，所以被称为

sì bú xiàng   chuán shuō zhōng
"四不像"。 传说中

jiāng zǐ yá de zuò jì jiù shì sì
姜子牙的坐骑就是四

bú xiàng
不像。

四只蛙

四	5画，全包围结构　笔顺：丨冂冂四四					
	书写要求：起笔轻顿，向内倾斜，横轻虚接，折处顿笔，向内倾斜，内部均匀，末横轻行笔。					
	四	四	四	四		

shì

扩词：正是、是非、实事求是

zhè shì dà shì dà fēi de shì zì jīn wén zhōng de
这是"大是大非"的"是"字。金文中的

shì zì shàng bù shì yí gè xiàng rì guǐ zhī lèi yǔ tài yáng yǒu
"是"字，上部是一个像日晷之类与太阳有

guān de dōng xi xià bù de shì zhǐ jiǎo biǎo shì àn zhào
关的东西，下部的"止"是指"脚"，表示按照

zhèng què de fāng xiàng zǒu yóu cǐ kě jiàn shì zì de běn yì wéi
正确的方向走。由此可见"是"字的本义为

zhèng zhí bù piān xié hòu yòu bèi yòng lái biǎo shì zhèng què
"正、直、不偏斜"。后又被用来表示"正确、

kěn dìng de yì si bǐ rú shì fēi qū zhí
肯定"的意思，比如"是非曲直"。

演变过程 | 是字的前世今生

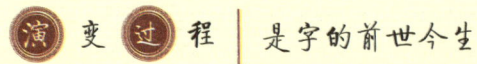

金文　　小篆　　隶体　　楷体

如果我们总认为自己是对的，不肯听取他
人的意见和建议，那么我们就很难取得更大的
进步和成绩。也就是说我们不要"自以为是"，
而忽略了向他人学习的机会。

是君子

是	9画，上下结构	笔顺：丨 丿 日 日 旦 早 昰 昰 是
	书写要求："日"字要短，上宽下窄，横画平行，注意撇起笔位置，撇收捺展。	

是　是　是　是

nǚ

扩词：女人、女儿、男女老少

màn yún nǚ zǐ bù yīng xióng　wàn lǐ chéng fēng dú xiàng dōng
"漫云女子不英雄，万里乘风独向东"

zhōng de　nǚ　zì　zài jiǎ gǔ wén zhōng de　xíng tǐ　xiàng yí gè
中的"女"字，在甲骨文中的形体，像一个

rén guì zuò zài dì shàng　liǎng bì jiāo chā zài xiōng qián　jīn wén zhōng de
人跪坐在地上，两臂交叉在胸前。金文中的

nǚ　zì hé jiǎ gǔ wén de　zì xíng jī běn xiāng tóng　zhǐ shì shàngmiàn
"女"字和甲骨文的字形基本相同，只是上面

duō le　yì tiáo héng xiàn　yīng gāi shì zhǐ nǚ rén suǒ yòng de zān zi zhī lèi
多了一条横线，应该是指女人所用的簪子之类

de shì pǐn　yīn cǐ　wǒ men rèn wéi　nǚ　zì de běn yì shì　nǚ
的饰品。因此，我们认为"女"字的本义是"女

rén　nǚ xìng　bǐ rú　nǚ hái　nán nǚ lǎo shào
人、女性"，比如"女孩""男女老少"。

演变过程 ｜ 女字的前世今生

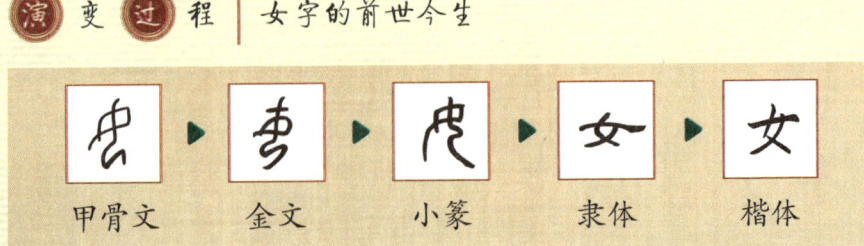

甲骨文　　金文　　小篆　　隶体　　楷体

70

由 "女" 字组成
的词语多数和性别有
关，比如 "女生" "女同
学" "女中豪杰" 等。
但是也有一些例外，比
如 "女墙"，"女墙" 的
意思是城墙顶部、内沿
和外沿处的凹凸形的矮
墙，而不是说墙还有男
女性别之分。

舞扇少女

女	3画，独体字	笔顺：く 女 女

书写要求：撇点从竖中线起笔，行至横中线下面折向右下方写反捺，撇收横展。

女 女 女 女

kāi

扩词：开口、开火、开天辟地

"应怜屐齿印苍苔，小扣柴扉久不开"中的"开"字，意思是"开门"，这是"开"字的本义。在金文中"开"字的形体，"門"表示两个门扇，下面的"幵"表示用手去拿门闩以便把门打开。

从"开门"引申为"把关闭的东西打开，把隐藏的东西显露出来"，比如"开锁""开灯""开矿"。

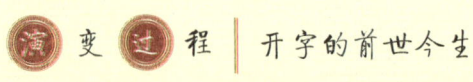
演变过程 | 开字的前世今生

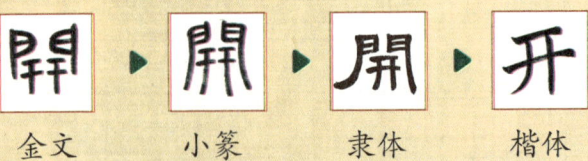

| 金文 | 小篆 | 隶体 | 楷体 |

拓 文 展 字 ｜ 网开一面是给鸟留活路

shāng tāng shì zhōng guó lì shǐ shàng yí wèi xián míng de jūn zhǔ
商汤是中国历史上一位贤明的君主。

tā céng duì yí gè bǔ niǎo de rén shuō sì miàn bù wǎng huì bǎ suǒ yǒu
他曾对一个捕鸟的人说，四面布网会把所有

de niǎo dōu bǔ jìn shā jué yīng gāi chè diào sān miàn wǎng zhǐ liú yí miàn
的鸟都捕尽杀绝，应该撤掉三面网，只留一面

wǎng zhè jiù shì wǎng kāi yí miàn de gù shi tā gào sù wǒ men
网，这就是"网开一面"的故事。它告诉我们

yào yǒu rén ài zhī
要有仁爱之

xīn yào duō tì
心，要多替

tā rén zhuó xiǎng
他人着想，

gěi tā rén liú tiáo
给他人留条

chū lù
出路。

开门

开	4画，独体字	笔顺： 一 二 干 开

书写要求：首横短，第二个横是其两倍，撇短竖长，撇起笔对正首横的左端。

开 开 开 开

水

shuǐ

扩词：水手、开水、车水马龙

jīng kǒu guā zhōu yì shuǐ jiān　zhōng shān zhǐ gé shù chóng shān
"京口瓜洲一水间，钟山只隔数重山"

zhōng de　shuǐ　zì　zài jiǎ gǔ wén hé jīn wén lǐ de xíng tǐ xiàng bēn
中的"水"字，在甲骨文和金文里的形体像奔

téng bù xī de jiāng hé　suǒ yǐ wǒ men shuō　shuǐ　zì de běn yì shì
腾不息的江河，所以我们说"水"字的本义是

hé liú　　gǔ rén wèi le shēng huó fāng biàn duō shì yán jiāng jū zhù
"河流"。古人为了生活方便多是沿江居住，

jiāng hé wān wān qū qū de liú dòng　shí ér jiàn qǐ xǔ duō shuǐ huā　yīn
江河弯弯曲曲地流动，时而溅起许多水花，因

cǐ gǔ rén chuàng zào chū　shuǐ　zì lái biǎo shì zhè xiē dà jiāng dà hé
此古人创造出"水"字来表示这些大江大河。

zài hàn zì zhōng　shuǐ shì yí gè cháng yòng de bù shǒu
在汉字中，水是一个常用的部首。

dài yǒu shuǐ zì páng de hàn zì　dà dōu yǔ shuǐ yǒu guān　bǐ rú
带有水字旁的汉字，大都与水有关，比如

jiāng　　hé　　hú　　hǎi　děng
"江""河""湖""海"等。

演变过程 | 水字的前世今生

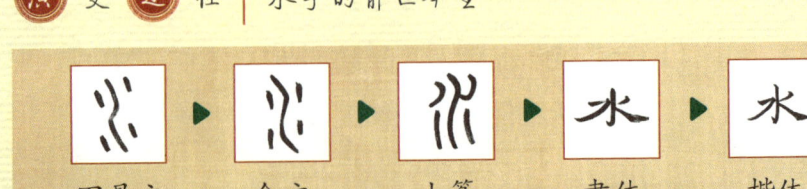

| 甲骨文 | 金文 | 小篆 | 隶体 | 楷体 |

yì dī shuǐ kàn qǐ lái lì liàng wēi ruò　　dàn shì rú guǒ
一滴水看起来力量微弱，但是如果

yì zhí bù tíng de dī dào shí tou shàng　 shí tou yě huì bèi
一直不停地滴到石头上，石头也会被

jī chuān　　zhè gào sù wǒ men yí gè dào lǐ　 zhǐ yào
击穿。这告诉我们一个道理，只要

yǒu héng xīn　　bú duàn nǔ lì　　shì qing jiù yí dìng
有恒心，不断努力，事情就一定

néng qǔ dé chénggōng
能取得成功。

流水

水	4画，独体字	笔顺：丨 刁 刁 水
	书写要求：竖钩直挺居中，起笔向右下方顿笔，横撇从横中线起笔，左收右放。	
	水　水　水　水	

qù

扩词：去年、来去、春去秋来

qù nián jīn rì cǐ mén zhōng　rén miàn táo huā xiāng yìng hóng　　zhōng
"去年今日此门中，人面桃花相映红" 中

de　qù　zì　zài jīn wén zhōng de xíng tǐ　shàng miàn de
的"去"字，在金文中的形体，上面的"大"

shì yí gè rén de xíng xiàng　xià miàn shì yí gè　　huò　　biǎo shì
是一个人的形象，下面是一个"凵"或"凵"，表示

rén lí kāi le mén kǒu huò dòng kǒu　yóu cǐ kě jiàn　　qù　zì de běn
人离开了门口或洞口。由此可见"去"字的本

yì shì　lí kāi　bǐ rú　guà guān ér qù　　chūn qù qiū lái
义是"离开"，比如"挂冠而去""春去秋来"。

qù　zì hái yǒu　chā bié　de yì si　bǐ rú　xiāng qù
"去"字还有"差别"的意思，比如"相去

shèn yuǎn　　lìng wài　　qù　zì hái biǎo shì　qián wǎng mǒu dì　　bǐ
甚远"。另外"去"字还表示"前往某地"，比

rú　qù dān wèi　　qù xué xiào
如"去单位""去学校"。

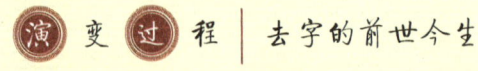

演 变 过 程 | 去字的前世今生

金文　小篆　隶体　楷体

xī hàn mò nián yǒu gè jiào féng méng de rén　dāng kàn dào wáng mǎng
西汉末年有个叫逢萌的人，当看到王莽

bù tīng quàn jiàn ér shā le zì jǐ de ér zi shí　rèn wéi wáng mǎng shì
不听劝谏而杀了自己的儿子时，认为王莽是

yí gè bù zhí dé xiào zhōng de rén　yú shì jiù bǎ tā de guān mào xuán
一个不值得效忠的人，于是就把他的官帽悬

guà zài chéng mén
挂在城门

wài rán hòu lí
外然后离

kāi le　　zhè
开了。这

jiù　shì　guà
就 是 "挂

guān ér qù
冠而去"

de yóu lái　yòng
的由来，用

lái bǐ yù cí
来比喻辞

diào guān zhí bú
掉官职不

zuò le
做了。

去搬瓜

去	5画,上下结构	笔顺：一 十 土 去 去
	书写要求：第三笔横画最长，竖向右挺，折处有力，点撇对称。
	去　去　去　去

lái

扩词：来往、回来、古往今来

"忽如一夜春风来，千树万树梨花开"中的"来"字，在甲骨文中的形体，下部是小麦的根，上部是小麦的叶子。金文中"来"字的写法和甲骨文差不多，上面的横画，表示麦穗。因此我们说"来"的本义是"小麦"。

后来用"麳"表示小麦，而"来"字被借用为"来去"的"来"，比如"来去匆匆""南来北往"。

演 变 过 程 ｜ 来字的前世今生

| 甲骨文 | 金文 | 小篆 | 隶体 | 楷体 |

拓文展字 | 别再饭来张口了

　　yī lái shēn shǒu　fàn lái zhāng kǒu　　yì si shì shuō yí gè rén
"衣来伸手，饭来张口"，意思是说一个人
hěn lǎn duò　xiàng jì shēng chóng yí yàng yī lài tā rén　qǐng nǐ xiǎng
很懒惰，像寄生虫一样依赖他人。请你想
xiǎng píng shí shì bú shì zì jǐ néng zuò de shì qing dōu zì jǐ zuò　bú
想平时是不是自己能做的事情都自己做，不
guò fèn de yī lài fù mǔ ne
过分地依赖父母呢？

郎骑竹马来

来	7画，独体字	笔顺：一丷丷丌丯来来
	书写要求：两横上斜，竖为垂露竖，撇捺舒展。	
	来　来　来　来	

bù

扩词：不是、不同、不远千里

bì jìng xī hú liù yuè zhōng　fēng guāng bù yǔ sì shí tóng　zhōng
"毕竟西湖六月中，风光不与四时同"中

de　bù　shì yí gè xiàng xíng zì　　tā zài jiǎ gǔ wén yǐ jí jīn wén
的"不"是一个象形字，它在甲骨文以及金文

zhōng de xíng tǐ　xiàng zhǒng zi fā yá hòu xiàng xià shēng zhǎng de pēi
中的形体，像种子发芽后向下生长的胚

gēn　suǒ yǐ wǒ men shuō　bù　de běn yì shì　pēi　pēi gēn　hòu
根，所以我们说"不"的本义是"胚、胚根"，后

lái zhè gè hán yì xiě zuò　pēi
来这个含义写作"胚"。

xiàn zài　bù　zì duō yòng yú biǎo shì　fǒu dìng　bǐ rú
现在，"不"字多用于表示"否定"，比如

bù hǎo　yì chén bù rǎn　bù jí bú zào děng
"不好""一尘不染""不急不躁"等。

演变过程 ｜ 不字的前世今生

甲骨文　金文　小篆　隶体　楷体

拓 文 展 字 | 胜不骄，败不馁

dāng nǐ qǔ dé chéng gōng de shí hou bú yào jiāo ào yù dào cuò
当你取得成功的时候不要骄傲，遇到挫
zhé de shí hou yě bú yào huī xīn sàng qì zhè jiù shì suǒ shuō de shèng
折的时候也不要灰心丧气，这就是所说的"胜
bù jiāo bài bù něi
不骄、败不馁"。

不	4画，独体字	笔顺：一 丆 不 不
	书写要求：横画平稳，撇不过横，竖居中线，点不接竖。	

不 不 不 不

81

xiǎo

扩词：小气、大小、大同小异

"少小离家老大回，乡音无改鬓毛衰"
中的"小"字，从它的形体看，中间是一个
细长的物品，两侧是一个"八"字，"八"的
本义是"分开"，把一个物品一分为二，自
然就比原来的物品小了。由此可见，"小"
字的本义是"不及一般或者不及比较的对
象"，比如"小雨""以小见大"。

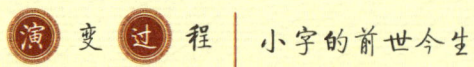
演变过程 ｜ 小字的前世今生

| 甲骨文 | 金文 | 小篆 | 隶体 | 楷体 |

拓 **文** 展 **字** ｜ 小巫见大巫

“小巫见大巫”的意思是当小巫师遇到
大巫师，由于小巫师的法术比大巫师的法
术弱，就没法施展自己的法术了。现在用
这个成语来比喻两者能力相差悬殊，不足
以进行比较。

小鼠吃笋

小	3画，独体字	笔顺：亅 小 小
	书写要求：竖钩要短，写在竖中线上，两点对应，行笔先轻后重。	

shǎo

扩词：少云、少见、少见多怪

míng dài yáng shèn zài　lín jiāng xiān　gǔn gǔn cháng jiāng dōng shì
明代杨慎在《临江仙·滚滚长江东逝

shuǐ　zhōng xiě dào　gǔ jīn duō shǎo shì　dōu fù xiào tán zhōng　zhè
水》中写道，"古今多少事，都付笑谈中。"这

lǐ de　shǎo　biǎo shì　shù liàng de xiǎo　bù duō　ér zhè zhèng shì
里的"少"表示"数量的小、不多"，而这正是

shǎo　zì de běn yì　bǐ rú　duō shǎo　jī shǎo chéng duō
"少"字的本义。比如"多少""积少成多"。

shǎo　shì duō yīn zì　yòu dú zuò　yì si shì
"少"是多音字，又读作"shào"，意思是

nián qīng rén　bǐ rú　shào nián　nán nǚ lǎo shào
"年轻人"，比如"少年""男女老少"。

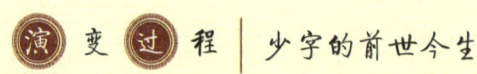

演 变 过 程 ｜ 少字的前世今生

| 甲骨文 | 金文 | 小篆 | 隶体 | 楷体 |

gǔ yǔ shuō　　shào zhuàng bù nǔ lì　lǎo dà tú shāng bēi　　zhè

古语说"少 壮 不 努力，老大徒伤悲。"这

shì quàn shuō dà　jiā cóng xiǎo yào hǎo hǎo xué xí　zhǎng dà le cái kě yǐ

是劝说大家从小要好好学习，长大了才可以

zì shí qí lì　　zuò yí gè duì shè huì yǒu yòng de rén　fǒu zé nián líng

自食其力，做一个对社会有用的人，否则年龄

dà le hòu huǐ yě lái bu jí le

大了后悔也来不及了。

食少

少	4画，独体字	笔顺： 丨 丿 小 少
	书写要求：先竖后点，左低右高，撇画斜长，两点先轻后重，撇画先重后轻。	

牛

niú

扩词：牛羊、水牛、牛毛细雨

"迢迢牵牛星，皎皎河汉女"中的"牛"字，在甲骨文中的形体是一个从正面看上去的牛的头部，竖画表示牛的面部，下边的两个短画表示牛的耳朵，上边的两个折画表示两只粗长弯曲的牛角。

"牛"是"六畜"之一，如黄牛、奶牛、水牛等。此外，"牛"字还有"骄傲""倔强"的意思，比如"牛气冲天""这个人牛得很！"

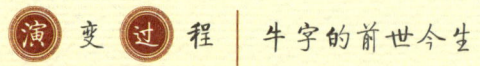

演变过程 | 牛字的前世今生

| 甲骨文 | 金文 | 小篆 | 隶体 | 楷体 |

86

sū dōng pō céng gěi yí gè yào qù wài dì zuò guān de péng you xiě
苏东坡曾给一个要去外地做官的朋友写

guò yì shǒu shī　　dú biàn yá qiān sān wàn zhóu　　yù lái xiǎo yì shì niú
过一首诗，"读遍牙签三万轴，欲来小邑试牛

dāo　　dà yì shì shuō tā zhè gè péng you bǎo dú shī shū　　zuò guān qí
刀。"大意是说他这个朋友饱读诗书，做官其

shí jiù shì lüè xiǎn shēn shǒu ér yǐ　　xiàn zài wǒ men yòng　niú dāo xiǎo
实就是略显身手而已。现在我们用"牛刀小

shì　zhè gè chéng yǔ lái
试"这个成语来

bǐ yù yǒu dà běn lǐng de
比喻有大本领的

rén zài xiǎo shì qíng shàng
人在小事情上

shāo wēi zhǎn shì yí xià cái
稍微展示一下才

néng
能。

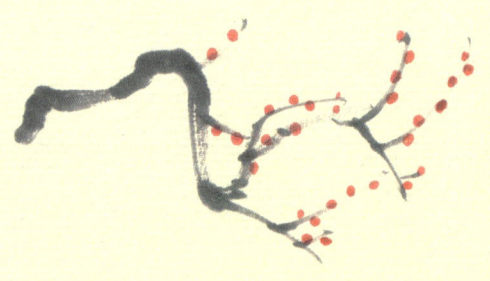

放牛

牛	4画，独体字	笔顺：ノ 二 牛
	书写要求：首笔为短斜撇，短横起笔靠上，竖长居中。	
	牛　牛　牛　牛	

guǒ

扩词：水果、果实、前因后果

这是"言必信，行必果"的"果"字。甲骨文中"果"字的形体，看起来像一棵树，上面结满了果子。可见，"果"字的本义是"树木结出的果实"。果实一般都是圆圆的、饱满的，因此"果"字又被用来表示"充满、充实"的意思，比如吃不饱肚子我们就说是"食不果腹"。

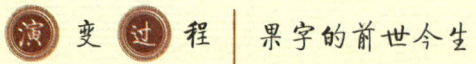

演变过程 | 果字的前世今生

| 甲骨文 | 金文 | 小篆 | 隶体 | 楷体 |

sú huà shuō　yán bì xìn　xíng bì guǒ　　zhè shì yāo qiú wǒ men
俗话说"言必信，行必果"，这是要求我们

shuō huà yào jiǎng xìn yòng　shuō dào zuò dào　　zuò shì yào yǒu shǐ yǒu zhōng
说话要讲信用，说到做到。做事要有始有终，

jiān chí dào dǐ
坚持到底。

果实

果	8画，独体字	笔顺：丨冂冂日旦旦早果果

niǎo

扩词：小鸟、候鸟、鸟语花香

"高鸟尽，良弓藏"中的"鸟"是一个象形字。在甲骨文和金文中"鸟"字的形体，像一只活生生的小鸟，呼之欲出。小篆的"鸟"字写法变得复杂，但依然可以看出一些鸟的模样。由此可见，"鸟"字的本义是"飞禽的总称"，比如"鸟语花香""百鸟朝凤"。

带有"鸟"字旁的汉字，一般都和禽类有关，比如"鸡""鸭""鹅""鹰"等。

演变过程 ┃ 鸟字的前世今生

| 甲骨文 | 金文 | 小篆 | 隶体 | 楷体 |

sú huà shuō　　bèn
俗话说"笨

niǎo xiān fēi　　　qí zhōng
鸟先飞",其中

de hán yì shì jiǎ rú
的含义是假如

bú shì tè bié cōng míng
不是特别聪明,

nà yě bú yào jǐn　　wǒ
那也不要紧,我

men hái kě yǐ tōng guò
们还可以通过

qín fèn lái mí bǔ
勤奋来弥补。

小鸟

鸟	5画,独体字	笔顺: ′ ′ ′ 勹 乌 鸟
	书写要求:鸟头要小,身宽是鸟头的两倍,横画左伸,点画生动。	

鸟　鸟　鸟　鸟

zǎo

扩词：早上、早晚、早出晚归

"青春须早为，岂能长少年"中的"早"字，在小篆中的写法，上边是一个"日"字，表示太阳。下边的"甲(甲)"字表示东西破裂。上下组合在一起，意思是天刚破晓，太阳即将或者刚刚升起。由此可见，"早"字的本义是"早晨、早上"，比如"早出晚归"。

另外，"早"字还有"时间在先，时间在前"的意思，比如"早年""为时尚早"。

演变过程 ｜ 早字的前世今生

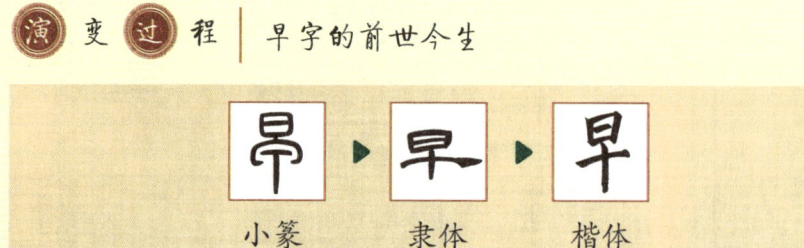

小篆　　　隶体　　　楷体

　　mò dào jūn xíng zǎo　gèng yǒu zǎo xíng rén　　de dà　yì shì bú yào
"莫道君行早，更有早行人"的大意是不要

yǐ wéi zì jǐ zǎo　hái yǒu bǐ nǐ gèng zǎo de rén　　tā gào sù wǒ men
以为自己早，还有比你更早的人。它告诉我们

yí gè dào lǐ　　nà jiù shì rèn hé shí hou dōu bú yào jiāo ào zì mǎn
一个道理，那就是任何时候都不要骄傲自满，

yīn wèi zǒng yǒu bǐ nǐ gèng nǔ lì　　gèng yōu xiù de rén
因为总有比你更努力、更优秀的人。

早读

早	6画，上下结构	笔顺： 丨 冂 日 日 旦 早
	书写要求："日"字略扁，中横最长，竖定重心。	

早　早　早　早

shū

扩词：书本、看书、博览群书

"书卷多情似故人，晨昏忧乐每相亲"中
的"书"字，在甲骨文中的写法，上面的""是
一只手握着笔，下面的"口"表示用来写字的
物品，从而很形象地表达出"写"这一动作。
由此可见，"书"字的本义是"写、记载"，比如"奋笔疾
书"。

现在，"书"字多用来指装订成册的著
作，比如"书刊""博览群书"。

演变过程 ┃ 书字的前世今生

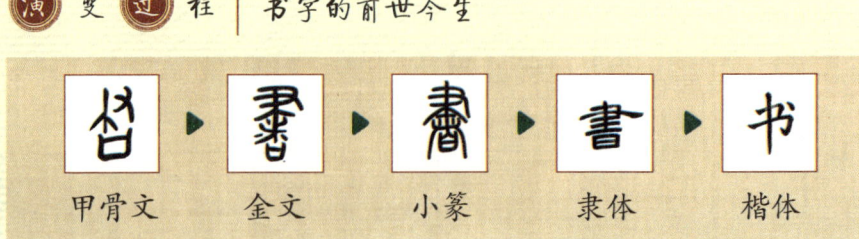

甲骨文　金文　小篆　隶体　楷体

táng dài shī rén dù fǔ céng shuō　　dú shū pò wàn juàn　xià bǐ rú
唐代诗人杜甫曾说："读书破万卷，下笔如
yǒu shén　　yì si shì shuō zhǐ yǒu duō dú shū　cái néng xiě chū yōu měi
有神。"意思是说只有多读书，才能写出优美
de wén zhāng　　dù fǔ shì zhè yàng shuō de　yě shì zhè yàng zuò de　　tā
的文章。杜甫是这样说的也是这样做的，他
yīn cǐ chéng wéi zhōng guó lì shǐ shàng jié chū de shī rén zhī yī
因此成为中国历史上杰出的诗人之一。

夜读书

书	4画，独体字	笔顺：一 马 书 书
	书写要求：两横平行，折向内斜，竖不出尖，别忘一点。	

书 书 书 书

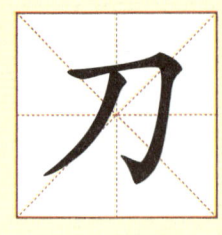

dāo

扩词：小刀、开刀、刀光剑影

"路见不平，拔刀相助"中的"刀"字，在甲骨文、金文中的形体看起来像是一把立着的刀，上部是刀的把手，下部是刀身。由此可见，"刀"字的本义是"用来切、割、刺、砍的武器或者工具"，比如"菜刀""刀耕火种""大刀阔斧"。

此外，"刀"字还可以作为量词使用，比如"一刀纸（一刀纸就是一百张纸）"。

演变过程 ｜ 刀字的前世今生

| 甲骨文 | 金文 | 小篆 | 隶体 | 楷体 |

拓 文 展 字 | 二把刀不是两把刀

你听说过"二把刀"这个词吗？你知道它是什么意思吗？小朋友们千万别把这个词理解成"有两把刀"，事实上，这个成语是形容一个人的技能水平不高。

夏日取刀来分瓜

刀	2画,独体字	笔顺： 刀 刀

书写要求：折钩内斜，钩落于竖中线，撇画精短，与折平行。

刀　刀　刀　刀

chǐ

扩词：尺寸、尺度、尺短寸长

fēi liú zhí xià sān qiān chǐ　yí shì yín hé luò jiǔ tiān　zhōng
"飞流直下三千尺，疑是银河落九天"中

de　chǐ　zì shì biǎo shì cháng dù de dān wèi　hòu lái yǐn shēn wéi cè
的"尺"字是表示长度的单位，后来引申为测

liáng cháng dù yòng de gōng jù　chǐ zi
量长度用的工具"尺子"。

xiàn zài de yì chǐ dà yuē wéi　lí mǐ　ér gǔ shí hou de yì
现在的一尺大约为 33 厘米，而古时候的一

chǐ hé xiàn zài de yì chǐ de cháng dù bìng bù xiāng tóng　bǐ rú　shāng
尺和现在的一尺的长度并不相同。比如，商

dài de yì chǐ dà yuē shì　lí mǐ　hàn dài de yì chǐ dà yuē shì
代的一尺大约是 17 厘米，汉代的一尺大约是

lí mǐ
23 厘米。

演 变 过 程 ｜尺字的前世今生

金文　　小篆　　隶体　　楷体

老师的尺

měi gè rén
每 个 人

dōu yǒu zì jǐ de yōu
都 有 自 己 的 优

quē diǎn suǒ yǐ yào
缺 点 ，所 以 要

bǎo chí qiān xū de tài
保 持 谦 虚 的 态

dù duō xué xí bié
度 ，多 学 习 别

rén de cháng chù zhè
人 的 长 处 ，这

jiù shì chǐ yǒu suǒ
就 是 "尺 有 所

duǎn cùn yǒu suǒ cháng
短 ，寸 有 所 长"

jiāo gěi wǒ men de dào
教 给 我 们 的 道

lǐ
理 。

尺	4画，独体字	笔顺： フ コ 尸 尺
	书写要求：上窄下宽，"尸"的头部要略扁，撇捺舒展，注意捺的起笔位置。	

尺　尺　尺　尺

běn

扩词：书本、本来、原原本本

cǎo mù běn wú yì róng kū zì yǒu shí zhōng běn zì
"草木本无意，荣枯自有时" 中"本"字

de xiě fǎ shàng miàn shì mù xià miàn de diǎn huò héng shì zhǐ cǎo mù
的写法，上面是木，下面的点或横是指草木

de gēn bù kě jiàn cǎo mù de gēn jiù shì běn zì de zuì chū
的根部，可见"草木的根"就是"本"字的最初

hán yì bǐ rú wú yuán zhī shuǐ wú běn zhī mù
含义，比如"无源之水，无本之木"。

cǐ wài běn hái kě yǐ zuò wéi liàng cí shǐ yòng bǐ rú
此外，"本"还可以作为量词使用，比如

yì běn shū yì běn zá zhì
"一本书""一本杂志"。

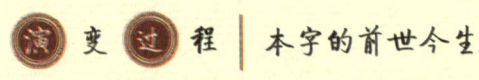

本字的前世今生

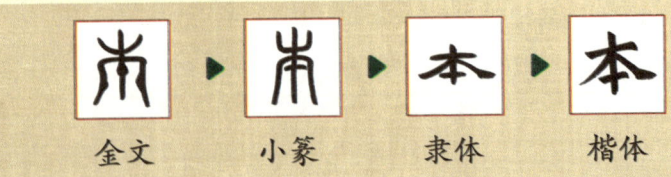

金文　小篆　隶体　楷体

拓 文 展 字 ｜ 做人别忘本

zhǎng bèi zǒng shì jiào yù wǒ men　bú yào wàng běn　qí shí jiù
长 辈 总 是 教 育 我 们 "不 要 忘 本", 其 实 就

shì yào wǒ men wú lùn jiāng lái zěn yàng dōu bù néng wàng jì zì jǐ de guò
是 要 我 们 无 论 将 来 怎 样 都 不 能 忘 记 自 己 的 过

qù　bù néng wàng jì céng jīng duì wǒ men yǒu ēn de lǎo shī　qīn rén hé
去, 不 能 忘 记 曾 经 对 我 们 有 恩 的 老 师、亲 人 和

péng you
朋 友。

一本书

本	5画,独体字	笔顺: 一十才木本
	书写要求:短横略斜,竖为垂露,撇捺舒展,左右对称。	
	本 本 本 本	

mù

扩词：木头、草木、入木三分

jīng wèi xián wēi mù jiāng yǐ tián cāng hǎi zhōng de
"精卫衔微木，将以填沧海"中的
mù shì yí gè xiàng xíng zì tā zài jiǎ gǔ wén hé jīn wén
"木"是一个象形字。它在甲骨文和金文
zhōng de xíng tǐ xiàng yì kē dà shù xià biān de xié huà biǎo shì shù
中的形体像一棵大树，下边的斜画表示树
de gēn bù shàng biān de xié huà biǎo shì shù de zhī tiáo hé shù guān
的根部，上边的斜画表示树的枝条和树冠。

mù de běn yì shì shù lèi zhí wù de tōng chēng hòu
"木"的本义是"树类植物的通称"，后
lái yǐn shēn wéi mù liào mù tou bǐ rú mù mén xiǎo
来引申为"木料、木头"，比如"木门""小
mù chuán
木船"。

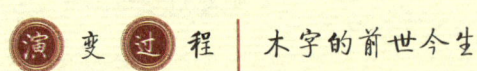

演变过程 | 木字的前世今生

| 甲骨文 | 金文 | 小篆 | 隶体 | 楷体 |

东晋时的王羲之被称为"书圣"。据说他写在木板上的字，墨迹竟然透进木头里三分（相当于一厘米）深，可见其运笔的力量有多大。

现在我们用成语"入木三分"来形容书法笔力刚劲，也用来比喻见解深刻。

树木

木	4画,独体字	笔顺：一十才木
	书写要求：横短竖长，横要在横中线上方、左低右高，竖在竖中线上，撇捺舒展。	

木　木　木　木

lín

扩词：树林、森林、枪林弹雨

"牧童骑黄牛，歌声振林樾"中的"林"字，在甲骨文中的写法，是并列的两个"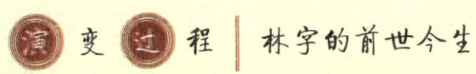（木）"字，表示树木众多。"林"字的本义就是"树木丛聚"，即"树林"。

此外，人们把"聚集在一起的同类人或事物"也称为"林"，比如"艺林""碑林"。

演变过程 | 林字的前世今生

| 甲骨文 | 金文 | 小篆 | 隶体 | 楷体 |

zhǐ jiàn shù mù
"只 见 树 木，

bú jiàn sēn lín de yì
不 见 森 林" 的 意

si shì shuō zhǐ kàn dào le
思 是 说 只 看 到 了

shì wù de yí bù fen ér
事 物 的 一 部 分 而

kàn bú dào zhěng tǐ zhè
看 不 到 整 体。 这

jù huà tí xǐng wǒ men yào
句 话 提 醒 我 们 要

xué huì quán miàn de guān chá
学 会 全 面 地 观 察

hé sī kǎo wèn tí
和 思 考 问 题。

树林

林	8画，左右结构	笔顺： 一 十 オ 木 ホ 朴 材 林
	书写要求：左小右大，左边"木"字的捺改为点，左右穿插，末捺舒展。	

林 林 林 林

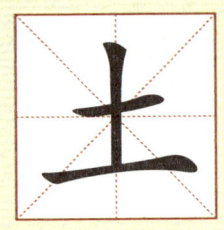

tǔ

扩词：水土、土地、积土成山

"锄禾日当午，汗滴禾下土"中的"土"是一个象形字。在甲骨文和金文中，"土"字下边的横画表示地面，横画以上部分表示高出地面的泥堆。所以我们说"土"的本义是"泥土、土壤"，比如"灰土""挥金如土"。

后来，"土"字引申为"土地"，比如"国土"。另外，"土"字还可以用来表示"家乡"，比如"故土""本土"。

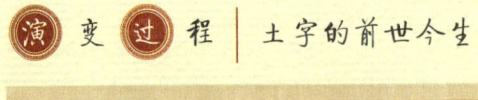

演变过程 ┃ 土字的前世今生

| 甲骨文 | 金文 | 小篆 | 隶体 | 楷体 |

拓 文 展 字 | 积土成山

xué xí zhī shi xū yào cháng shí jiān yì diǎn yì diǎn de jī lěi
学习知识需要长时间一点一点地积累，

jiù xiàng bǎ ní tǔ yì diǎn yì diǎn de duī jī qǐ lái zhōng yǒu yì tiān
就像把泥土一点一点地堆积起来，终有一天

kě yǐ duī chéng yí zuò dà shān zhè jiù shì chéng yǔ jī tǔ chéng shān
可以堆成一座大山，这就是成语"积土成山"

dài gěi wǒ men de qǐ shì
带给我们的启示。

挥锹铲土

土	3画，独体字	笔顺： 一 十 土
	书写要求：第一笔横画要略短，写在横中线上方，竖向右挺，末横托上。	
	土 土 土 土	

力 lì

扩词：大力、火力、力大无比

hǎo fēng píng jiè lì sòng wǒ shàng qīng yún zhōng de lì
"好风凭借力，送我上青云"中的"力"
zì zài jiǎ gǔ wén hé jīn wén zhōng de xíng tǐ kàn qǐ lái xiàng shì fān
字，在甲骨文和金文中的形体，看起来像是翻
tǔ yòng de nóng jù lěi ér yòng lěi lái gēng dì shì xū yào lì
土用的农具"耒"，而用"耒"来耕地是需要力
qì de yóu cǐ wǒ men rèn wéi lì zì de hán yì shì tǐ lì
气的，由此我们认为"力"字的含义是"体力、
lì qì bǐ rú shēn qiáng lì zhuàng yǒu qì wú lì
力气"，比如"身强力壮""有气无力"。

cǐ wài yóu lì zì zǔ chéng de zì yě dà duō yǔ lì
此外，由"力"字组成的字，也大多与"力
qì lì liàng yǒu guān bǐ rú láo dòng nán děng
气、力量"有关，比如"劳""动""男"等。

演变过程 | 力字的前世今生

甲骨文　　金文　　小篆　　隶体　　楷体

gǔ yǔ shuō　　shèng rén zhě　lì　　shèng jǐ zhě qiáng　　qí dà yì
古语说"胜人者力，胜己者强"，其大意

shì néng gòu zhànshèng tā rén　　bǐ tā rén yōu xiù shì yǒu lì liàng　yǒu néng
是能够战胜他人、比他人优秀是有力量、有能

lì de biǎo xiàn　　dàn shì néng gòu guǎn lǐ hǎo zì jǐ　zhànshèng zì jǐ de
力的表现，但是能够管理好自己、战胜自己的

rén cái shì zhēnzhèngqiáng dà de rén
人才是真正强大的人。

大力士

力	2画，独体字	笔顺：ㄱ 力
	书写要求：折钩内斜，钩收笔在竖中线上，撇从竖中线起笔，撇折平行。	

力　力　力　力

109

xīn

扩词：小心、开心、心花怒放

dǎn dà xīn xì zhōng de xīn shì yí gè xiàng xíng zì
"胆大心细"中的"心"是一个象形字。

tā zài jiǎ gǔ wén zhōng de xíng tǐ kàn qǐ lái jiù shì yì kē xīn
它在甲骨文中的形体看起来就是一颗"心

zàng jīn wén zhōng de xīn zì yě yǒu yì xiē xīn zàng de yàng zi
脏"，金文中的"心"字也有一些心脏的样子，

suǒ yǐ wǒ men shuō xīn de běn yì shì xīn zàng
所以我们说"心"的本义是"心脏"。

gǔ rén rèn wéi xīn zàng shì néng gòu sī kǎo wèn tí de qì guān
古人认为心脏是能够思考问题的器官，

suǒ yǐ cóng xīn zàng yǐn shēn chū sī xiǎng yì niàn bǐ rú xīn
所以从"心脏"引申出"思想、意念"，比如"心

kuàng shén yí yì xīn yí yì cǐ wài yīn wèi xīn zài shēn tǐ
旷神怡""一心一意"。此外，因为心在身体

nèi suǒ yǐ yòu yǐn shēn wéi zhōng yāng de yì si bǐ rú shǒu
内，所以又引申为"中央"的意思，比如"手

zhǎng xīn
掌心"。

演变过程 ｜ 心字的前世今生

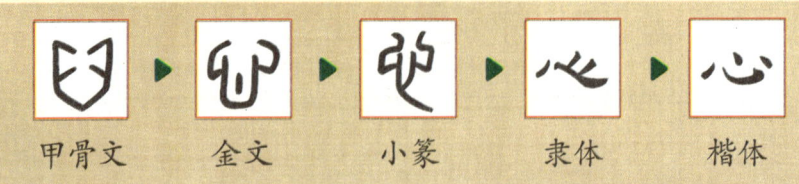

拓**文**展**宁** | 寸草之心，母恩当报

yǒu yí jù táng shī shuí yán cùn cǎo xīn bào dé sān chūn huī
有一句唐诗"谁言寸草心，报得三春晖"，

dà yì shì chūn tiān de yáng guāng duì xiǎo cǎo yǒu hěn dà de ēn qíng xiǎo
大意是春天的阳光对小草有很大的恩情，小

cǎo shì zěn me yě bào dá bù wán de ér wǒ men jiù xiàng yì kē xiǎo
草是怎么也报答不完的。而我们就像一棵小

cǎo mǔ ài jiù xiàng wēn nuǎn
草，母爱就像温暖

de yáng guāng wǒ men yīng gāi
的阳光，我们应该

xiào jìng zì jǐ de mǔ qīn
孝敬自己的母亲，

bào dá tā de yǎng yù zhī
报答她的养育之

ēn
恩。

开心

4画，独体字	笔顺：丶心心心
书写要求：首点与卧钩对齐，钩向圆心，中间点略高。	

心 | 心 心 心 心 | | | |

中
zhōng

扩词：中心、手中、如日中天

"待到山花烂漫时，她在丛中笑"里的"中"字，在甲骨文以及金文里的形体，看起来像一面迎风招展的旗帜，旗帜上、下飘带之间的位置（用 ▢ 或者 ▢ 表示）就是所谓的"中"，可见该字的本义是"中间、中央"，比如"中心""中原地区"。

此外，"中"字还读作"zhòng"，比如"中计""百发百中"。

演变过程 | 中字的前世今生

| 甲骨文 | 金文 | 小篆 | 隶体 | 楷体 |

huáng hé shì wǒ guó de dì èr dà hé　　zài tā de zhōng yóu yǒu
黄河是我国的第二大河，在它的中游有

yí zuò dǐ zhù shān　zhè zuò shān yì lì zài huáng hé de jī liú zhōng
一座砥柱山，这座山屹立在黄河的激流中，

rèn píng shuǐ liú zěn yàng tuān jí dōu ān rán bú dòng　suǒ yǐ rén men jiù yòng
任凭水流怎样湍急都安然不动，所以人们就用

zhōng liú dǐ zhù　lái bǐ yù jiān qiáng de　néng qǐ dào zhī zhù zuò yòng
"中流砥柱"来比喻坚强的、能起到支柱作用

de rén hé lì liàng
的人和力量。

洞中天地

中	4画，独体字	笔顺： 丨 冂 口 中
	书写要求："口"要宽扁，竖长居中。	
	中　中　中　中	

wǔ

扩词：五十、五月、五花八门

sān gēng dēng huǒ wǔ gēng jī　zhèng shì nán ér dú shū shí
"三更灯火五更鸡，正是男儿读书时"

zhōng de　wǔ　shì yí gè biǎo shì shù liàng de zì　bǐ rú wǔ
中的"五"是一个表示数量的字，比如"五

tiān　wǔ yīn bù quán
天""五音不全"。

jiǎ gǔ wén zhōng de　wǔ　xiě zuò　　jiù xiàng liǎng gǔ shéng zi
甲骨文中的"五"写作"✕"，就像两股绳子

jiāo cuò níng zài yì qǐ　suǒ yǐ wǒ men shuō　wǔ　zì de běn yì shì
交错拧在一起，所以我们说"五"字的本义是

jiāo huì　jiāo cuò　　zhǐ shì hòu lái bèi yòng yú biǎo shì shù liàng
"交汇、交错"，只是后来被用于表示数量。

演变过程 | 五字的前世今生

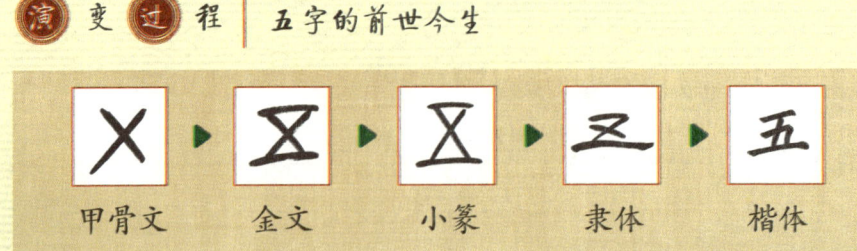

甲骨文　金文　小篆　隶体　楷体

cáo cāo de ér zi cáo zhí zǒu le qī bù jiù zuò chū běn shì tóng
曹操的儿子曹植走了七步就做出"本是同

gēn shēng xiāng jiān hé tài jí de shī jù táng cháo shí shǐ qīng shàng
根生，相煎何太急"的诗句。唐朝时，史青上

zòu táng xuán zōng shuō tā wǔ
奏唐玄宗说，他五

bù zhī nèi jiù néng xiě shī
步之内就能写诗。

yú shì huáng shang chū tí mù
于是皇上出题目

kǎo tā guǒ rán tā zài wǔ
考他，果然他在五

bù zhī nèi xiě chéng le yì shǒu
步之内写成了一首

shī hòu lái rén men jiù yòng
诗。后来人们就用

wǔ bù chéng shī lái xíng róng
"五步成诗"来形容

yí gè rén sī wéi mǐn jié fù
一个人思维敏捷，富

yǒu cái huá
有才华。

五只小蝌蚪

五	4画，独体字	笔顺：一 丆 五 五
	书写要求：两竖左斜，三横平行等距，末横最长。	

五 五 五 五

立 lì

扩词：中立、立足、立竿见影

lì zhì yán wéi běn xiū shēn xíng nǎi xiān zhōng de lì zì
"立志言为本，修身行乃先"中的"立"字，

zài jiǎ gǔ wén jīn wén xiǎo zhuàn zhōng de xíng tǐ dōu xiàng yí gè
在甲骨文、金文、小篆中的形体，都像一个

rén zhèng miàn zhàn zài nàr héng huà biǎo shì dì miàn suǒ yǐ wǒ men
人正面站在那儿，横画表示地面。所以我们

shuō lì zì de běn yì shì zhàn zhàn lì bǐ rú zuò lì bù
说"立"字的本义是"站，站立"，比如"坐立不

ān hè lì jī qún
安""鹤立鸡群"。

cǐ wài lì zì hái yǒu shù lì de yì si bǐ rú lì
此外"立"字还有"竖立"的意思，比如"立

gān jiàn yǐng
竿见影"。

演变过程 立字的前世今生

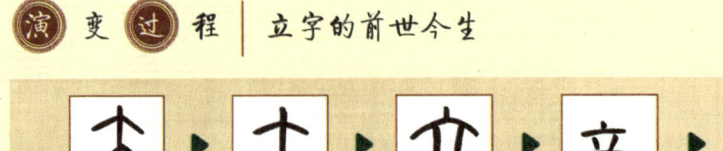

甲骨文 ▶ 金文 ▶ 小篆 ▶ 隶体 ▶ 楷体

sú huà shuō　 fán shì yù zé lì　　 bú yù zé fèi　　　 dà yì shì shuō
俗话说"凡事预则立，不预则废"，大意是说

wǒ men zài zuò shì qián yīng gāi xiān zhì dìng kě xíng de　 jì huà bìng yán gé zhí
我们在做事前应该先制订可行的计划并严格执

xíng cái néng qǔ dé chénggōng　 fǒu zé jiù hěn nán bǎ shì qing zuò hǎo
行才能取得成功，否则就很难把事情做好。

立上头

立	5画，独体字	笔顺： 丶 丷 丶 亠 立 立
	书写要求：点居中，短横上斜，点撇对称，末横要长。	

立　立　立　立

zhèng

扩词：立正、正好、名正言顺

　　<ruby>正<rt>zhèng</rt></ruby> <ruby>是<rt>shì</rt></ruby> <ruby>江<rt>jiāng</rt></ruby> <ruby>南<rt>nán</rt></ruby> <ruby>好<rt>hǎo</rt></ruby> <ruby>风<rt>fēng</rt></ruby> <ruby>景<rt>jǐng</rt></ruby> <ruby>落<rt>luò</rt></ruby> <ruby>花<rt>huā</rt></ruby> <ruby>时<rt>shí</rt></ruby> <ruby>节<rt>jié</rt></ruby> <ruby>又<rt>yòu</rt></ruby> <ruby>逢<rt>féng</rt></ruby> <ruby>君<rt>jūn</rt></ruby> <ruby>中<rt>zhōng</rt></ruby>

"正是江南好风景，落花时节又逢君"中

的"正"字，在甲骨文中的写法是"口"下面

加个"屮(止)"。"口"代表某个地方或者目

标，"屮"是脚，表示朝着目标不偏不斜地走，

所以我们说"正"的含义是"不偏斜"。

　　另外，"正"字又读作"zhēng"，比如"正

月"，即春节所在的那个月份。

演变过程 | 正字的前世今生

| 甲骨文 | 金文 | 小篆 | 隶体 | 楷体 |

拓 **文** 展 **字** ｜ 身正不怕影子斜

　　sú　yǔ　　shēn zhèng bú pà yǐng zi xié　　cháng yòng lái bǐ yù zhǐ
俗语"身正不怕影子斜"常用来比喻只

yào wéi rén xīn dì shàn liáng　xíng wéi duān zhèng　jiù méi yǒu shén me zhí dé
要为人心地善良、行为端正，就没有什么值得

hài pà de
害怕的。

正逢春

正	5画，独体字	笔顺： 一 丁 千 正 正
	书写要求：上横先轻后重，竖向右挺，短横收笔不顿，竖短末横长。	

正　正　正　正

zài

扩词：存在、现在、大有人在

　　"春去花还在，人来鸟不惊"中的"在"字，在甲骨文时写作"屮（才）"，看起来像一棵刚钻出地面的小草。而小篆时的写法则是在"才"字的右边增加一个"土"，表示小草破土而出。小草从土里长出幼芽，说明它是"活着的"。由此，我们说"在"字的本义是"存活、存在"，比如"青春常在"。

　　此外，"在"字还有"存留于某个位置"的意思，比如"在学校""在桌子上"。

演变过程 | 在字的前世今生

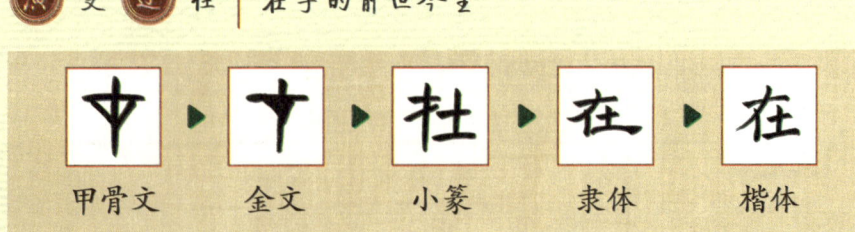

甲骨文　金文　小篆　隶体　楷体

chéng zhú zài xiōng　 de yì si shì zài huà zhú zi yǐ qián xīn lǐ
"成竹在胸"的意思是在画竹子以前心里

yǐ jīng yǒu le wán zhěng de zhú zi xíng xiàng　 bǐ yù zài zuò shì qing zhī qián
已经有了完整的竹子形象，比喻在做事情之前

yǐ yǒu chéng shú de xiǎng fǎ hé zhǔn bèi
已有成熟的想法和准备。

在读书

在	6画，半包围结构	笔顺：一ナオオ在在
	书写要求：横短撇长，土居右下，左竖对正首横起笔。	

hòu

扩词：后人、后来、不甘人后

kōng shān xīn yǔ hòu　　tiān qì wǎn lái qiū　　zhōng de　　hòu
"空山新雨后，天气晚来秋"中的"后"

shì　hòu　zì de jiǎn tǐ zì　　　hòu　zài jiǎ gǔ wén zhōng de xiě
是"後"字的简体字。"後"在甲骨文中的写

fǎ　zuǒ biān shì　　　chì　　biǎo shì dào lù　yòu biān de bù fen biǎo
法，左边是"彳（彳）"，表示道路，右边的部分表

shì yòng shéng suǒ kǔn zhe jiǎo　　jiǎo bèi kǔn qǐ lái　　zì rán zǒu bú kuài
示用绳索捆着脚。脚被捆起来，自然走不快，

là zài hòu miàn　　suǒ yǐ wǒ men shuō　　hòu　hòu　　zì de běn yì shì
落在后面。所以我们说"后（後）"字的本义是

zǒu zài hòu miàn　　là zài hòu miàn　　bǐ rú　　zhēng xiān kǒng hòu
"走在后面、落在后面"，比如"争先恐后"。

cǐ wài　　zài　　tài hòu　　huáng hòu　　zhōng　　hòu　zì zé
此外，在"太后""皇后"中，"后"字则

biǎo shì　　dì wáng de qī zi
表示"帝王的妻子"。

演变过程 ｜ 后字的前世今生

| 甲骨文 | 金文 | 小篆 | 隶体 | 楷体 |

　　hòu lái zhě jū shàng　　shì zhǐ hòu lái de chāo guò xiān qián de
"后来者居上"是指后来的超过先前的。

cóng zhōng wǒ men dé dào yí gè qǐ shì　nà jiù shì fán shì bù fēn zǎo
从中我们得到一个启示,那就是凡事不分早

wǎn　　jí shǐ chí lái huò zhě zàn shí luò hòu yě bú yào fàng qì　zhǐ yào
晚,即使迟来或者暂时落后也不要放弃,只要

zì jǐ nǔ lì jiù kě yǐ gǎn shàng shèn zhì chāo guò zǎo lái de hé xiān jìn
自己努力就可以赶上甚至超过早来的和先进

de
的。

谁在后面

后	6画,独体字	笔顺: 一 厂 厂 厈 后 后
	书写要求:首撇稍平,第二撇为竖撇,横外展,口居右下。	
	后 后 后 后	

wǒ

扩词：我们、你我、你来我往

chūn fēng yòu lǜ jiāng nán àn míng yuè hé shí zhào wǒ huán zhōng
"春风又绿江南岸，明月何时照我还" 中

de wǒ shì zhǐ zì jǐ zhè yě shì wǒ zì zuì cháng yòng
的 "我" 是指 "自己"，这也是 "我" 字最常用

de hán yì dàn zài zuì chū wǒ zì shì zhǐ yì zhǒng bīng qì
的含义。但在最初，"我" 字是指一种兵器，

zhèng rú jiǎ gǔ wén zhōng gāi zì de xíng tǐ kàn qǐ lái jiù xiàng yí gè
正如甲骨文中该字的形体，看起来就像一个

cháng bǐng de dài fēng rèn bīng qì jīn wén zhī hòu wǒ zì jiù hěn
长柄的带锋刃兵器。金文之后，"我" 字就很

nán kàn chū wǔ qì de yǐng zi le
难看出武器的影子了。

演 变 过 程 ｜ 我字的前世今生

| 甲骨文 | 金文 | 小篆 | 隶体 | 楷体 |

　　　　　rén rén wèi wǒ　　wǒ wèi rén rén　　de yì si shì wǒ men zuò wéi
"人人为我，我为人人"的意思是我们作为

shè huì zhōng de yí fèn zǐ　dé dào le hěn duō rén de fú wù　ér wǒ
社会中的一分子，得到了很多人的服务，而我

men zì jǐ yě yīng gāi jìn lì duō wèi shè huì zuò gòng xiàn　rú guǒ yí wèi
们自己也应该尽力多为社会做贡献，如果一味

de kǎo lù zì jǐ
地考虑自己，

xiǎn rán shì zì sī hé
显然是自私和

bù kě qǔ de
不可取的。

我摘果

7画，独体字	笔顺：丿 一 于 于 我 我 我

我

书写要求：首撇短，横稍斜，竖钩弯短，斜钩伸展，撇收紧，点有力。

我　我　我　我

hǎo

扩词：好人、好心、大好河山

"大好河山"的"好"字在甲骨文和金文中的形体，看起来像是一个女人抱着孩子，呈现出一幅圆满幸福、其乐融融的画面，所以我们说"好"字本义是"美好、令人满意的"。

好字又读作"hào"，意思是"喜爱、喜欢"，比如"爱好""勤学好问"。

演变过程 | 好字的前世今生

| 甲骨文 | 金文 | 小篆 | 隶体 | 楷体 |

chūn qiū shí de yè zǐ gāo dà jiā dōu jiào tā yè gōng tā de
春 秋 时 的 叶 子 高，大 家 都 叫 他 叶 公。他 的

jiǔ jù yī wù yǐ jí jū shì dào chù dōu yòng lóng de xíng xiàng lái zhuāng
酒 具、衣 物 以 及 居 室 到 处 都 用 龙 的 形 象 来 装

shì yǒu yì tiān yì tiáo zhēn lóng chū xiàn zài tā miàn qián jié guǒ tā
饰。有 一 天，一 条 真 龙 出 现 在 他 面 前，结 果 他

què dà jīng shī sè xià de táo pǎo le zhè jiù shì yè gōng hào lóng de
却 大 惊 失 色，吓 得 逃 跑 了。这 就 是 叶 公 好 龙 的

gù shi xiàn zài wǒ men yòng zhè gè chéng yǔ lái bǐ yù kǒu tóu shàng
故 事。现 在，我 们 用 这 个 成 语 来 比 喻 口 头 上

shuō xǐ huan mǒu
说 喜 欢 某

zhǒng shì wù shí
种 事 物，实

jì shàng bìng bú
际 上 并 不

shì zhēn de xǐ
是 真 的 喜

huan
欢。

好大的瓜

	6画，左右结构	笔顺：乀 乄 女 女 好 好

书写要求：撇直点斜，第二撇上伸下缩，提画左伸，左收右放。

好　　好　好　好　好

cháng

扩词：长久、长度、天长地久

"大漠孤烟直，长河落日圆"中的"长"字，在甲骨文和金文中的写法，上边的曲画表示长长的头发，下边部分表示人的身体。因此我们从"头发的长"得出"长"的本义就是表示"两点之间的距离大"，比如"长夜""漫漫长路"。

另外，这个字还有一个读音是"zhǎng"，比如"长辈""首长""生长""草长莺飞"等。

演变过程 ┃ 长字的前世今生

| 甲骨文 | 金文 | 小篆 | 隶体 | 楷体 |

拓 文 展 宇 | 经一事，长一智

　　cháng yán shuō　　jīng yí shì　zhǎng yí zhì　　　zhè jù huà de yì
常 言 说 "经一事，长一智。" 这 句 话 的 意
sī shì jīng lì guò yí jiàn shì qing jiù kě yǐ cóng zhōng zēng zhǎng jiàn shi bìng
思 是 经 历 过 一 件 事 情 就 可 以 从 中 增 长 见 识 并
xī qǔ jīng yàn jiào xùn　　suǒ yǐ shuō　wǒ men
吸 取 经 验 教 训。 所 以 说，我 们
zài yù dào shì qing shí　wú lùn shì hǎo shì hái
在 遇 到 事 情 时，无 论 是 好 事 还
shì huài shì　　dōu yīng gāi bǎo chí xué xí de xīn
是 坏 事，都 应 该 保 持 学 习 的 心
tài bìng jí shí fǎn sī yǔ zǒng jié
态 并 及 时 反 思 与 总 结。

长寿

长	4 画，独体结构	笔顺：ノ 一 も 长
	书写要求：撇不宜长，横上斜，竖提偏左，捺要伸展。	

长　　长　　长　　长

bǐ

比

扩词：比方、对比、无与伦比

"海内存知己，天涯若比邻"中的"比"字，在甲骨文中的形体是前后站在一起的两个人，由此我们可以得出它的本义是"紧挨着、紧靠着"，比如"比肩而立""比翼齐飞"。

两个人相互靠近站在一起的时候，会更容易看出高矮胖瘦的差别，因此"比"字后来被引申为"比较"的意思，比如"对比""比赛""无与伦比"。

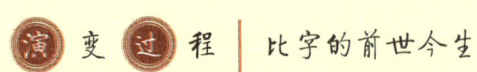

演变过程 ┃ 比字的前世今生

| 甲骨文 | 金文 | 小篆 | 隶体 | 楷体 |

　　我们在学习和生活中经常会"跟其他人比较"，那究竟应该比什么，怎么比呢？有智慧的人跟其他人比的不是衣食住行，而是比品德，比学业。同时还要学会自己和自己比较，比较自己今天是不是比昨天进步了。

比一比樱桃、豌豆

比	4画，独体字　笔顺：一 𠃋 上 比							
	书写要求：短横上扬，竖提要短，撇对正横，弯钩舒展。							
	比	比	比	比				

bā

扩词：巴结、巴士、下里巴人

我们经常说的"巴士""巴掌""眼巴巴"等词，所用的都是"巴"的假借义。"巴"字在小篆中的形体，看上去像一条弯弯曲曲的大蛇。因此，我们说"巴"的本义是"大蛇"。

后来，"巴"字被借用来表示"黏结的东西"，比如"锅巴""泥巴"。此外，"巴"字还有"盼望"的意思，比如"巴不得"。

演变过程 | 巴字的前世今生

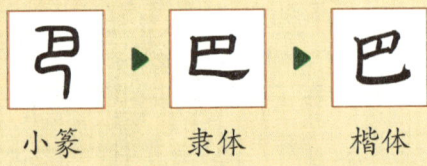

小篆　　　隶体　　　楷体

 拓 文 展 字 | 吃大象的蛇

rén xīn bù zú shé tūn xiàng   shuō de shì yǒu de rén tài tān xīn
"人心不足蛇吞象"说的是有的人太贪心，

jiù xiàng dà shé hèn bu dé bǎ yì tóu dà xiàng dōu tūn dào dù zi lǐ yí
就像大蛇恨不得把一头大象都吞到肚子里一

yàng   zhè lǐ de dà shé   jiù shì zhǐ   bā shé   chuán shuō zhè zhǒng
样。这里的大蛇，就是指"巴蛇"。传说这种

dà shé bǎ dà xiàng chī dào dù zi lǐ   sān nián zhī hòu cái bǎ
大蛇把大象吃到肚子里，三年之后才把

dà xiàng de gǔ tou tǔ chū lái   xiǎng xiang shì
大象的骨头吐出来，想想是

bú shì yǒu diǎn kǒng bù   a
不是有点恐怖啊？

锦鸡尾巴长

| 巴 | 4画，独体字 | 笔顺：フ丆丏皿巴 |
| | 书写要求：框扁窄，横折左斜，弯钩要宽。 | |

bǎ

把

扩词：把手、把住、一把手

míng yuè jǐ shí yǒu bǎ jiǔ wèn qīng tiān zhōng de bǎ
"明月几时有，把酒问青天"中的"把"
zì zài jīn wén zhōng de xiě fǎ shì zuǒ biān yí gè shǒu
字，在金文中的写法是，左边一个"（手）"，
yòu biān yí gè bā dà shé biǎo shì zhuā shé de shí hou yí
右边一个"（巴，大蛇）"，表示抓蛇的时候一
dìng yào yòng shǒu wò zhù shé tóu hé bó zi zhī jiān de guān jiàn bù wèi
定要用手握住蛇头和脖子之间的关键部位，
yóu cǐ kě jiàn bǎ zì de běn yì shì wò chí cǐ wài
由此可见，"把"字的本义是"握持"。此外，
bǎ zì hái bèi yòng zuò liàng cí bǐ rú yì bǎ dāo yì bǎ
"把"字还被用作量词，比如"一把刀""一把
chǐ zi
尺子"。

bǎ zì yòu dú zuò yòng lái biǎo shì wù tǐ shàng
"把"字又读作"bà"，用来表示"物体上
fāng biàn shǒu ná de bù fen bǐ rú dāo bà
方便手拿的部分"，比如"刀把"。

演变过程 ┃ 把字的前世今生

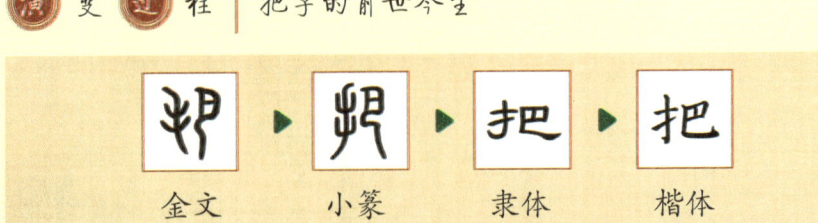

金文　　小篆　　隶体　　楷体

"把玩无厌"是指很喜欢某种物件，拿在手里赏玩而丝毫不觉得厌倦。你是不是也有自己非常喜欢的东西呢？或许也会经常拿出来把玩，这是人的正常心理和行为，但不能过分沉溺于其中哦！

把酒问青天

把	7画，左右结构	笔顺：一十才打扣扣把
	书写要求：左长右宽，巴稍偏下，首横上斜，竖钩交于横的右半部，提画左伸。	

把　把　把　把

xià

扩词：下来、天下、居高临下

"十月繁霜下，征人远凿空"中的"下"字，在金文和甲骨文中的写法，上面的弧线或长横画表示地面，下面的短横画是指事符号，表示在地面之下。

"下"字的本义是"位置在低处的"，比如"下面""居高临下"。后来从本义又引申为"从高处到低处"，比如"下车""下楼"。

演 变 过 程 ▎下字的前世今生

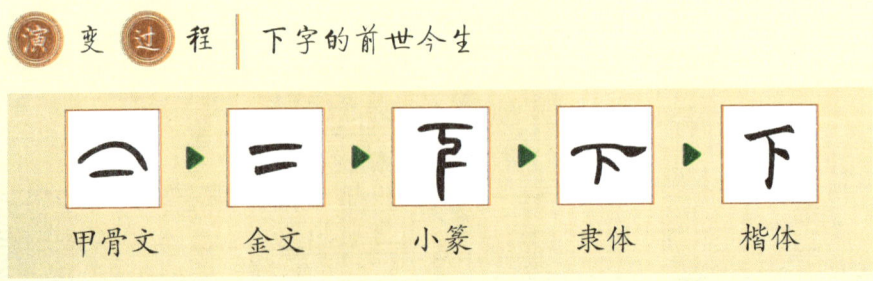

| 甲骨文 | 金文 | 小篆 | 隶体 | 楷体 |

měi gè rén dōu yǒu yōu diǎn　měi gè rén dōu yǒu zhí dé bié rén
每个人都有优点，每个人都有值得别人

xué xí de dì fang　xiàng bù rú zì jǐ de rén qǐng jiào huò xué xí bìng
学习的地方。向不如自己的人请教或学习并

bú shì yí jiàn kě chǐ de
不是一件可耻的

shì qíng　xiǎng yi xiǎng
事情。想一想，

nǐ néng fǒu bù chǐ xià
你能否"不耻下

wèn　　zuò yí gè qiān xū
问"，做一个谦虚

de rén ne
的人呢？

始于足下

下	3画，独体字	笔顺： 一丁下
	书写要求：长横左低右高，垂露竖居中，点要上靠，行笔先轻后重。	

下　下　下　下

gè

扩词：个头、个子、一个半个

bái fà sān qiān zhàng　yuán chóu sì gè cháng　zhōng de　 gè
"白发三千丈，缘愁似个长"中的"个"

zì　zài xiǎo zhuàn zhōng de　xiě fǎ shì yí gè　　　 rén　　jiā yí gè
字，在小篆中的写法是一个"𠆢（人）"加一个

　 gù　　　　hòu lái jiǎn huà wéi　　 gè
"囗（固）"，后来简化为"个"。

　 gè　　 zì yǒu　shēn gāo　 de yì si　 bǐ rú　　gāo gè
　"个"字有"身高"的意思，比如"高个

zi　　gè tóu　　　gè　 zì hái yǒu　dān dú de　 yì si　 bǐ
子""个头"。"个"字还有"单独的"意思，比

rú　gè xìng　　gè tǐ　　cǐ wài　　gè　 zì yě cháng yòng zuò
如"个性""个体"。此外，"个"字也常用作

liàng cí　bǐ rú　　 yí gè rén　　liǎng gè yuè　děng
量词，比如"一个人""两个月"等。

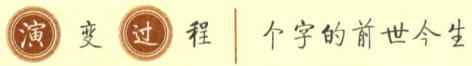
演变过程 ｜ 个字的前世今生

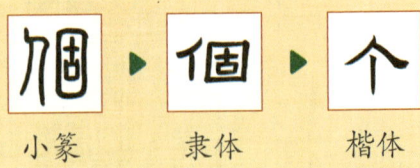

小篆　　　隶体　　　楷体

拓 文 展 字 ｜ 个和各的区分

gè　　yǔ　　gè　　　　　　gè gè　　yǔ　　gè gè　　zhè liǎng zǔ
"个"与"各"、"个个"与"各个"这两组

zì cí de yòng fǎ róng yì hùn xiáo　néng bǎ tā men bǐ cǐ zhī jiān de bù
字词的用法容易混淆，能把它们彼此之间的不

tóng zhī chù shuō qīng chǔ yě shì yí jiàn bù róng yì de shì qing　nǐ kě yǐ
同之处说清楚也是一件不容易的事情，你可以

hé bà ba mā ma yì qǐ yán jiū yí xià zhè gè wèn tí
和爸爸妈妈一起研究一下这个问题！

一个茄子一个瓜

个	3画，独体字	笔顺： ノ 人 个
	书写要求：撇捺舒展、相交于撇的上部，竖与人不接。	

yǔ

扩词：下雨、雨水、牛毛细雨

hǎo yǔ zhī shí jié　dāng chūn nǎi fā shēng　zhōng de　yǔ
"好雨知时节，当春乃发生"中的"雨"

shì yí gè xiàng xíng zì　　jiǎ gǔ wén zhōng de　　yǔ　 zì zuì
是一个象形字。甲骨文中的"而（雨）"字最

shàng biān shì yí gè héng huà　biǎo shì tiān kōng　zhōng jiān de héng huà biǎo
上边是一个横画，表示天空，中间的横画表

shì yún duǒ　xià biān de diǎn huà zé biǎo shì cóng yún duǒ lǐ　dī luò xià
示云朵，下边的点画则表示从云朵里滴落下

lái de yǔ shuǐ　dào le jīn wén shí shěng lüè le biǎo shì tiān kōng de héng
来的雨水。到了金文时省略了表示天空的横

huà　ér dào xiǎo zhuàn shí　yǔ　zì de xiě fǎ gèng jiā měi guān　zì
画，而到小篆时"雨"字的写法更加美观，字

xíng yě jī běn gù dìng xià lái
形也基本固定下来。

演变过程 ｜ 雨字的前世今生

| 甲骨文 | 金文 | 小篆 | 隶体 | 楷体 |

拓 文 展 字 ｜ 古人的天气预报

gǔ shí hou méi yǒu xiàn zài de tiān qì yù bào　rén men huì gēn jù
古时候没有现在的天气预报，人们会根据

gè zhǒng zì rán xiàn xiàng lái yù pàn shì fǒu huì xià yǔ　　chǔ rùn ér
各种自然现象来预判是否会下雨。"础润而

yǔ　zhè gè chéng yǔ shuō de jiù shì gēn jù
雨"这个成语说的就是根据

zhù zi de jī shí shì fǒu shī rùn　lái
柱子的基石是否湿润，来

tuī duàn huì bú huì xià yǔ
推断会不会下雨。

下雨

雨	8画，独体字	笔顺：一 冂 冂 币 雨 雨 雨 雨
	书写要求：横短框宽，四点均匀，字框上宽下窄、左短右长。	
	雨　雨　雨　雨	

men

扩词：我们、人们、他们

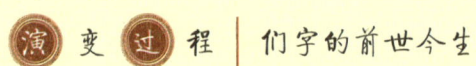

cóng jīn wén xiǎo zhuàn yì zhí dào jīn tiān de jiǎn tǐ zì men
从金文、小篆一直到今天的简体字，"们"

zì dōu shì yóu rén hé mén liǎng bù fen gòu chéng de mén
字都是由"人"和"门"两部分构成的。"门"

zuò wéi jiàn zhù wù de chū rù kǒu cóng cǐ jìn jìn chū chū de rén bì rán
作为建筑物的出入口，从此进进出出的人必然

shì hěn duō de suǒ yǐ wǒ men kě yǐ jiāng men zì lǐ jiě wéi duō
是很多的，所以我们可以将"们"字理解为"多

gè rén huò shì wù bǐ rú wǒ men tā men tóng xué men
个人或事物"，比如"我们""它们""同学们"。

演变过程 | 们字的前世今生

金文　　　小篆　　　隶体　　　楷体

qǐng nǐ shì zhe shuō yi shuō hái yǒu nǎ xiē hán yǒu men zì
请你试着说一说还有哪些含有"们"字
de cí yǔ jìn zì jǐ zuì dà nǔ lì kàn kan kě yǐ shuō chū duō shǎo
的词语，尽自己最大努力，看看可以说出多少
gè
个？

我们

们	5画，左右结构	笔顺： ノ 亻 亻 们 们
	书写要求：撇为竖撇，竖在撇的中间起笔，门左短右长、竖钩直挺	

wèn 问

扩词：提问、问答、问心无愧

"儿童相见不相识，笑问客从何处来"
中的"问"字，从甲骨文到简体字的写法都是
"门"内加一个"口"，表示人站在门内发问，所
以我们说"问"字的本义是"询问、发问"，比
如"问路""明知故问"。

此外，"问"字还有"问候"的意思，比如
"慰问""问寒问暖"。

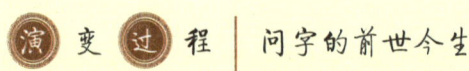
演变过程 | 问字的前世今生

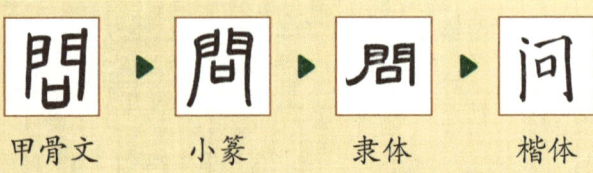

| 甲骨文 | 小篆 | 隶体 | 楷体 |

拓 **文** 展 **字** | 一问三不知是哪三不知

"一问三不知"中的"三不知"是指"不知道事情的起因、经过和结果"。现在我们用这个成语来表示无论怎么问,结果都是不知道或者假装不知道。

笑问客从何处来

问	6画,半包围结构	笔顺:丶门门问问问
	书写要求:点画略高,竖为垂露竖,横折钩在点的收笔处起笔,两竖左短右长,口靠上。	

yǒu

扩词：有心、有无、有求必应

"此曲只应天上有，人间能得几回闻" 中的 "有" 字，在甲骨文里多被 "ㄅ"（又）字替代。到了金文时，在 "ㄅ（又）" 字底下加了一个 "⊃（月）"，"月" 是指一块肉，"ㄅ" 是一只手，用手拿着一块肉，表示手里有物，可见 "有" 字本义就是 "具有、拥有" 的意思，比如 "有得有失" "井井有条"。

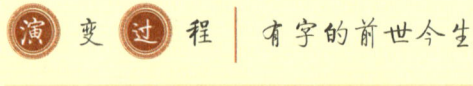

演变过程 │ 有字的前世今生

| 甲骨文 | 金文 | 小篆 | 隶体 | 楷体 |

yǒu jiè yǒu huán　zài jiè bù nán　zhè jù sú yǔ dà jiā dōu zhī

"有借有还，再借不难"这句俗语大家都知

dào　yì si shì jiè bié rén de dōng xi yào àn shí guī huán　zhè yàng yì

道，意思是借别人的东西要按时归还，这样一

lái xià cì zài jiè de shí hou yě bú kùn nan　shì shí shàng　àn shí guī

来下次再借的时候也不困难。事实上，按时归

huán cái wù bú shì wèi le　zài jiè bù nán　ér shì zuò rén de jī běn

还财物不是为了"再借不难"，而是做人的基本

yāo qiú

要求。

碗里有肉

有	6画，半包围	笔顺：一ナ才有有有
	书写要求：撇比长横短，月字撇变为竖，竖钩稍长，两横左靠右离。	

有　有　有　有

147

bàn

扩词：半天、一半、事半功倍

qiān hū wàn huàn shǐ chū lái　　yóu bào pí pa bàn zhē miàn
"千呼万唤始出来，犹抱琵琶半遮面"
zhōng de　bàn　shì yí gè huì yì zì　jīn wén zhōng　bàn　zì de
中的"半"是一个会意字。金文中"半"字的
xiě fǎ　xià biān shì yí gè　　　niú　zì　shàng biān de
写法，下边是一个"半（牛）"字，上边的"八
bā　biǎo shì　fēn kāi　píng fēn　jí bǎ yì tóu niú　yì fēn wéi
（八）"表示"分开、平分"，即把一头牛"一分为
èr　yóu cǐ kě jiàn　bàn　de běn yì shì　èr fēn zhī yī　yí
二"。由此可见，"半"的本义是"二分之一、一
bàn　hòu lái yǐn shēn wéi　zài　zhōng jiān　de yì si　bǐ rú
半"，后来引申为"在……中间"的意思，比如
bàn lù　bàn kōng zhōng　děng
"半路""半空中"等。

演变过程 ┃ 半字的前世今生

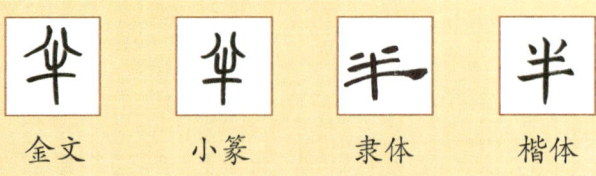

| 金文 | 小篆 | 隶体 | 楷体 |

　　yì fēn qián bāi liǎng bàn huā　　shì xíng róng yí gè rén hěn jié
"一分钱掰两半花"是形容一个人很节

jiǎn　　bǎ qián　　bāi chéng liǎng bàn　　huā shì hǎo xí guàn　dàn shì shì qing
俭。把钱"掰成两半"花是好习惯，但是事情

zuò dào yí bàn jiù fàng qì le què bú shì hǎo xiàn xiàng　suǒ yǐ wǒ men bú
做到一半就放弃了却不是好现象，所以我们不

yào chéng wéi zuò shì　bàn tú ér fèi　de rén
要成为做事"半途而废"的人。

一人一半瓜

半	5画，独体字	笔顺：`ˋ ˊ ˋ 半 半`
	书写要求：点、撇对称，两横靠近，竖为悬针，左右对称。	
	半　半　半　半	

cóng

扩词：听从、从前、力不从心

"从善如流"中的"从"字，在金文中的写法是"一前一后的两个人（ 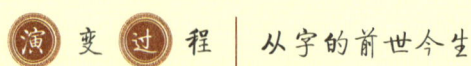 ）"，加上表示道路的"彳"及表示脚的"止（止）"字，这几部分组合在一起的意思就是两个人在路上相随而行。由此可见"从"字的本义是"跟随"，比如"随从""跟从"。

此外"从"字还有"服从、顺从"的意思，比如"言听计从"。

演变过程 | 从字的前世今生

| 金文 | 小篆 | 隶体 | 楷体 |

tóu bǐ cóng róng de dà yì shì wén rén rēng diào shǒu zhōng de
"投笔从戎"的大意是文人扔掉手中的

bǐ zhuǎn ér qù cān jūn zhè gè chéng yǔ shuō de shì hàn dài de bān
笔，转而去参军。这个成语说的是汉代的班

chāo tā céng rēng diào shǒu zhōng de bǐ gǎn tàn zì jǐ bù yīng gāi zǒng zài
超，他曾扔掉手中的笔感叹自己不应该总在

bǐ yàn jiān máng lù ér yīng gāi yǒu yuǎn dà de zhì
笔砚间忙碌，而应该有远大的志

xiàng hòu lái tā cān jūn zuò zhàn hái
向。后来，他参军作战，还

fèng mìng chū shǐ xī yù duō cì lì
奉命出使西域，多次立

xià dà gōng chéng wéi lì shǐ
下大功，成为历史

shàng yǒu míng de jūn shì jiā
上有名的军事家

hé wài jiāo jiā
和外交家。

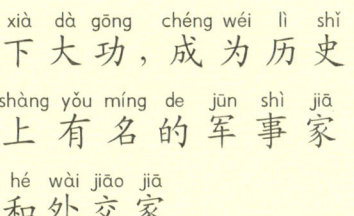

从远方来

从	4画，左右结构	笔顺：丿人从从
	书写要求：左小右大，左捺变点，左收右放。	
	从 从 从 从	

nǐ

扩词：你好、你们、你追我赶

zhàng fū yì qì zì chōng tiān　wǒ shì wǒ xī nǐ shì nǐ　zhōng
"丈夫意气自冲天，我是我兮你是你"中

nǐ　zì de xiě fǎ shì zuǒ biān yí gè　　　rén　yòu biān yí
"你"字的写法是左边一个"亻（人）"，右边一

gè　　ěr
个"尔"。

dāng wǒ men shuō dào　nǐ　de shí hou duō shù shì zhǐ　liǎng zhě
当我们说到"你"的时候多数是指"两者

tán huà zhōng de lìng yì fāng　　shì dì èr rén chēng dài cí　zhè yě shì
谈话中的另一方"，是第二人称代词，这也是

nǐ　zì zuì cháng yòng de hán yì　　bǐ rú　nǐ hǎo　　nǐ wǒ
"你"字最常用的含义。比如"你好""你我"。

演变过程 | 你字的前世今生

隶体　　楷体

152

　　ràng wǒ men yì qǐ xué xí jǐ gè hán yǒu nǐ zì de chéng
让 我 们 一 起 学 习 几 个 含 有 "你" 字 的 成

yǔ bìng shì zhe shuō yi shuō tā men de hán yì　bǐ rú　nǐ zhuī wǒ
语 并 试 着 说 一 说 它 们 的 含 义。 比 如 "你 追 我

gǎn　nǐ lái wǒ wǎng　　nǐ zhēng wǒ duó
赶" "你 来 我 往" "你 争 我 夺"。

荷花如你

你	7画，左右结构	笔顺： ノイイイイ你你你
	书写要求：撇不能弯，左窄右宽，左短右长，两点对称。	
	你　你　你　你	

153

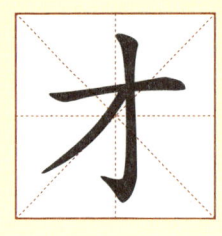

cái

扩词：人才、天才、一表人才

"人尽其才"中的"才"字，在甲骨文和金文中的形体像房屋的柱子和横梁，所以"才"字的本义应该是"房屋的柱子、横梁"。柱子和横梁是整个房屋结构的主体，具有重要作用，由此引申为"才干、才能"以及"有才干、有才能的人"，比如"德才兼备""旷世奇才"。

演变过程 ｜ 才字的前世今生

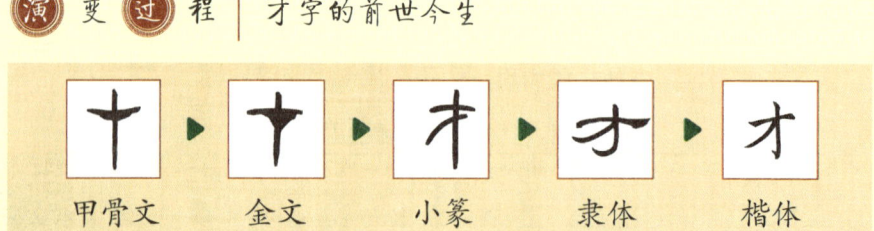

| 甲骨文 | 金文 | 小篆 | 隶体 | 楷体 |

拓 **文** 展 **字** | 有才华不一定能成功

成语"恃才傲物"告诉我们一个道理，自
古以来有才华的人多，有成就的人却相对少，
这是因为很多人有些才华了就开始骄傲，开始
看不起别
人，从而丧
失了进步的
机会以至于
最后一事无
成。

才高识远

才	3画，独体字	笔顺：一十才
	书写要求：横在横中线上起笔，左低右高，竖钩偏右，撇画要短。	

才　　才　　才　　才

míng

扩词：明天、明月、黑白分明

"光明正大"中的"明"字，在甲骨文里是由"日（日）"和"月（月）"组合而成的，表示"光亮、光明"。金文和小篆中"明"字的左边写作"日、囧（囧）"形，表示"窗户"，意思是月光从窗户照进屋子里，有"光明"和"光亮"的含义。

"明"字还有"清楚、了解"的意思，比如"明白""不明真相"。此外，"明"还有"次于今年、今天"的意思，比如"明天""明年"。

演 变 过 程 ｜ 明字的前世今生

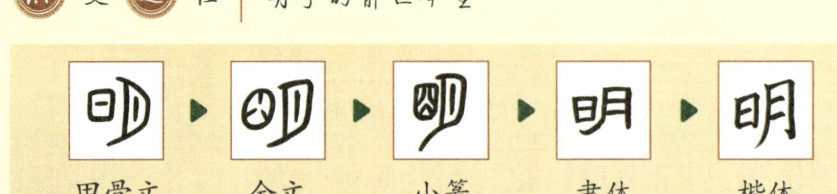

| 甲骨文 | 金文 | 小篆 | 隶体 | 楷体 |

"明日复明日，明日何其多。我生待明日，万事成蹉跎"。这是状元钱福在《明日歌》里写下的几句至理名言，大概意思是我们的一生中有很多个"明天"，但如果我们总是把事情拖延到"明天"去做，那么终将会一事无成而追悔莫及。

明月

明	8画，左右结构	笔顺： 丨 冂 冂 日 日 旫 明 明 明
	书写要求："日"小偏上、末横变提，月撇起笔与横折对正，两横靠上、左靠右离。	

明 明 明 明

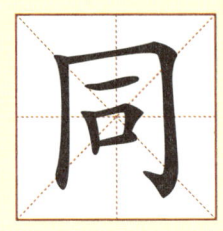

tóng

扩词：相同、不同、同心同力

"如今直上银河去，同到牵牛织女家"
中的"同"字，在甲骨文中的写法是下边一个
"凵（口）"、上边一个"凡（盘）"。盘子覆盖在
上边，有"把物品汇聚到一起"的意思。由此
可见，"同"字的本义是"共同、一起"。比如
"同事""同心协力"。

后来又引申为"同一个""相同的"，比如
"同车前往""同病相怜"。

演变过程 ┃ 同字的前世今生

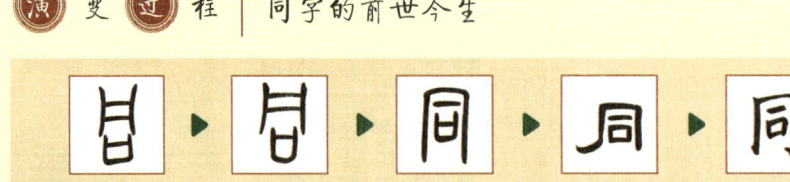

| 甲骨文 | 金文 | 小篆 | 隶体 | 楷体 |

拓 **文** 展 **字** ｜同学的不同称呼

"同学"是指和我们一起读书、学习的人。

表达这一概念的词还有"同窗""同砚"等。

同学

同	6画，半包围结构	笔顺：丨冂冂冃同同
	书写要求：左竖短、右竖长，内部靠上、横画平行。	同 同 同 同

xué

扩词：同学、小学、真才实学

　　"蓬头稚子学垂纶，侧坐莓苔草映身"中
的"学"字，在甲骨文中的形体像两只手在摆
弄小棍子来计数，又像两只手在织网。金文、
小篆中的"学"则表示"小孩子在屋里学计
数或织网"，由此可见，"学"的本义是"获取知
识、技能"。

　　此外，"学"字还表示"传授和获得知
识的地方"，比如"上学""学校"。而"才
学""数学"中的"学"则是指"知识"。

演变过程　学字的前世今生

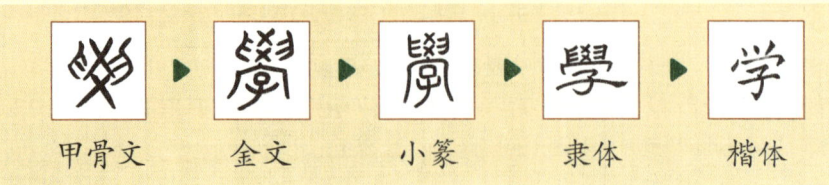

甲骨文　　金文　　小篆　　隶体　　楷体

拓 文 展 字 ┃ 学如逆水行舟

gǔ yǔ shuō　xué rú nì shuǐ xíng zhōu　bú jìn zé tuì　yì si
古语说"学如逆水行舟，不进则退。"意思

shì xué xí xū yào chí zhī yǐ héng　jī jí jìn qǔ　fǒu zé jiù huì xiàng
是学习需要持之以恒，积极进取，否则就会像

nì zhe shuǐ de xiǎo chuán　bú xiàng qián jìn jiù huì xiàng hòu dào tuì
逆着水的小船，不向前进就会向后倒退。

学习

学	8画，上下结构　笔顺：`丶丷⺍⺍兴学学学`
	书写要求：前三笔要紧凑，秃宝盖略宽，"子"字上紧下松、横与秃宝盖等宽。
	学　学　学　学

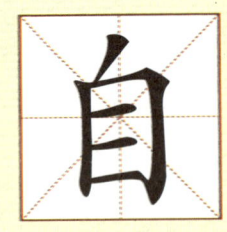

自　　zì

扩词：自我、自立、自由自在

"墙角数枝梅，凌寒独自开"中的"自"字，在甲骨文和金文中都像是一个人的鼻子，所以我们说"鼻子"是"自"的本义。那后来为什么用"鼻子"来表示"自己"呢？原来，当人们不确定别人是不是说自己的时候，一般会用手指着自己的鼻子进行确认，于是原本含义为鼻子的"自"字就被用来表示"自己"了。

"自"除了指"自我、本身"外，还有"从、由"的含义，比如"自从""自古至今"。

演变过程 ｜ 自字的前世今生

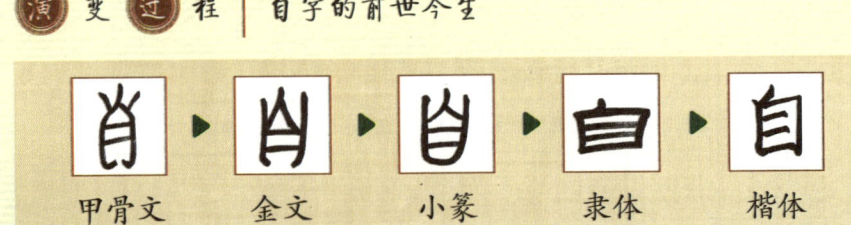

甲骨文　　金文　　小篆　　隶体　　楷体

rú guǒ yí gè rén zǒng jué de zì jǐ zuì yōu xiù zuì wán měi
如果一个人总觉得自己最优秀、最完美，

nà me zhè zhǒng bǎ zì jǐ dāng zuò dú yǒu de xiāng huā yí yàng xīn shǎng
那么这种把自己当作独有的香花一样欣赏

jiù bú zài shì zì xìn de biǎo xiàn
就不再是自信的表现，

ér shì gū fāng zì shǎng le
而是"孤芳自赏"了。

zhè yàng de xīn tài yě zhōng jiāng ràng
这样的心态也终将让

yí gè rén tà bù bù qián sàng shī
一个人踏步不前，丧失

chéngzhǎng hé jìn bù de jī huì
成长和进步的机会。

独自

自	6画，独体字	笔顺：丿丨丶丶自自

书写要求：斜撇要短，两竖左短右长，横画平行等距。

自	自	自	自			

 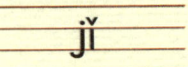

扩词：自己、知己、各抒己见

这是"先人后己"的"己"字。汉画像砖上有一个图案是猎人用尾端系着丝绳的箭来射飞鸟，射中以后拖拽这根绳子就可以迅速找到并取回猎物。而"己"字在古时的写法就像这条弯曲的丝线或者绳子，因此，我们说"己"字的本义是"绑在箭上的丝绳"。

现在，"己"字多用来表示"本身、自己"，比如"知己知彼""舍己为人"。

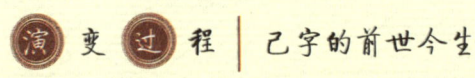

演变过程 | 己字的前世今生

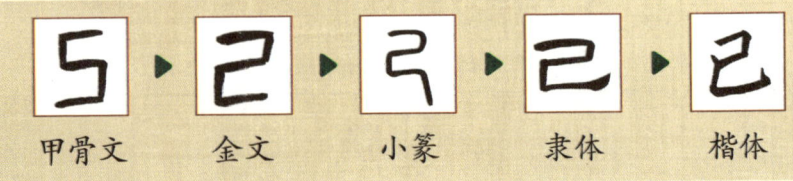

| 甲骨文 | 金文 | 小篆 | 隶体 | 楷体 |

hàn zì zhōng yǒu xǔ duō xiě fǎ xiāng jìn dàn shì yì yì bù tóng de

汉字中有许多写法相近但是意义不同的

zì bǐ rú jǐ yǐ sì xià miàn zhè gè kǒu jué fāng biàn dà jiā jì

字，比如己、已、巳，下面这个口诀方便大家记

yì hé qū fēn bàn kǒu yǐ fēng kǒu sì wán quán kāi kǒu shì

忆和区分：半口"已"、封口"巳"、完全开口是

zì jǐ

"自己"。

自己捉了几只蛙
想想还是放了它

己	3画，独体字	笔顺：乛コ己
	书写要求：上窄下宽，横折左斜，两横平行，弯钩舒展。	

己 己 己 己

yī

扩词：上衣、雨衣、衣食无忧

bǎi zhàn shā chǎng suì tiě yī　chéng nán yǐ hé shù chóng wéi
"百战沙场碎铁衣，城南已合数重围"
zhōng de　yī　shì yí gè xiàng xíng zì　cóng jiǎ gǔ wén　jīn wén yǐ
中的"衣"是一个象形字。从甲骨文、金文以
jí xiǎo zhuàn zhōng　yī　zì de xíng tǐ kàn　shàng bù shì yī lǐng　xià
及小篆中"衣"字的形体看，上部是衣领，下
bù shì xiù zi　suǒ yǐ wǒ men shuō　yī　zì de běn yì shì　shàng
部是袖子，所以我们说"衣"字的本义是"上
yī　hòu lái cóng běn yì yǐn shēn wéi yī fu de zǒng chēng　bǐ rú　yī
衣"，后来从本义引申为衣服的总称，比如"衣
shí zhù xíng　　yī shí wú yōu
食住行""衣食无忧"。

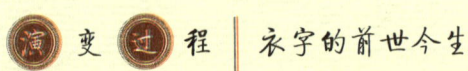

chuán shuō gǔ shí hou yí gè jiào guō hàn de rén zài xià yè lǐ chéng
传 说 古 时 候 一 个 叫 郭 翰 的 人 在 夏 夜 里 乘

liáng shí yù dào yí gè xiān nǚ   xiān nǚ shuō le hěn duō tiān shàng de shì
凉 时 遇 到 一 个 仙 女。 仙 女 说 了 很 多 天 上 的 事

qíng   guō hàn yǒu diǎn bù xiāng xìn   xiān nǚ wèi le zhèng míng tā shì cóng tiān
情, 郭 翰 有 点 不 相 信, 仙 女 为 了 证 明 她 是 从 天

shàng lái de   ràng guō hàn kàn tā de yī fu   guō hàn fā xiàn yī fu shì
上 来 的, 让 郭 翰 看 她 的 衣 服, 郭 翰 发 现 衣 服 是

méi yǒu fèng de
没 有 缝 的。

zhè jiù shì chéng yǔ
这 就 是 成 语

tiān yī wú fèng
"天 衣 无 缝"

de yóu lái   xiàn zài
的 由 来, 现 在

wǒ men yòng zhè gè
我 们 用 这 个

chéng yǔ lái bǐ yù
成 语 来 比 喻

shì wù zhōu mì wán
事 物 周 密 完

shàn
善。

晒衣

| 衣 | 6画,独体字 | 笔顺: 丶亠广衣衣衣 |
| | 书写要求:点横分离,横要上斜,竖提要正,撇收捺展。 |

衣 衣 衣 衣

bái

扩词：白天、白色、一清二白

"雄鸡一声天下白"中的"白"字，在甲骨文和金文中的形体像是一束火苗在燃烧，外边封闭的不规则圆表示火苗的光环或发出的光亮，中间的笔画表示火焰的中心。

从"白"字的写法可知它的本义是"明亮、光亮"。后来又引申为"清楚""陈述"等，比如"明明白白""自白"等。"白"还常用来指与"黑色"相对的颜色，即白色。

演变过程 ｜ 白字的前世今生

| 甲骨文 | 金文 | 小篆 | 隶体 | 楷体 |

　　　　bái shā zài niè　　yǔ zhī jù hēi　　zhè jù huà de yì si shì
"白沙在涅，与之俱黑。"这句话的意思是

bǎ bái sè de shā zi fàng dào hēi sè de ní tǔ lǐ　shā zi yě huì biàn
把白色的沙子放到黑色的泥土里，沙子也会变

chéng hēi sè　　bǐ yù yí gè rén de yán xíng jǔ zhǐ huì zhí jiē shòu dào
成黑色。比喻一个人的言行举止会直接受到

huán jìng de yǐng xiǎng
环境的影响。

雄鸡一声天下白

白	5画，独体字	笔顺：ノ 亻 白 白 白
	书写要求：首撇要短，两竖内斜，左短右长，横不接右。	

白　白　白　白

de

扩词：好的、小的

　　"的"是一个我们平时使用比较多的字。比如"好的！""这是谁的？""美丽的校园"等。

　　"的"字还有另外几种读音，比如在"的确"中读作"dí"，在"目的""众矢之的"中读作"dì"。

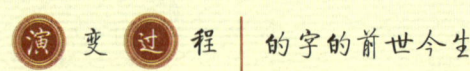

演变过程 | 的字的前世今生

| 金文 | 小篆 | 隶体 | 楷体 |

yí jù huà jiù néng gòu shuō dào wèn tí de guān jiàn diǎn yào hài
一 句 话 就 能 够 说 到 问 题 的 关 键 点、要 害

chù yòng chéng yǔ shuō jiù shì yì yǔ zhòng dì xiǎng yào yǒu yì
处，用 成 语 说 就 是 "一 语 中 的"。想 要 有 "一

yǔ zhòng dì de běn lǐng xū yào wǒ men yǒu fēn xī wèn tí de néng lì
语 中 的" 的 本 领 需 要 我 们 有 分 析 问 题 的 能 力，

yě yào yǒu jiǎn jié gāo xiào de biǎo dá néng lì
也 要 有 简 洁 高 效 的 表 达 能 力。

还我的宝

8画，左右结构	笔顺： ′ ⺈ ⺈ 白 白 白 的 的
书写要求：撇不过竖，横折出头，左收右放，点稍偏上。	

的　　的　的　的　的

yòu

扩词：又大又长、又白又好

yòu sòng wáng sūn qù　qī qī mǎn bié qíng　zhōng de　yòu
"又送王孙去，萋萋满别情"中的"又"

zì zài jiǎ gǔ wén　jīn wén yǐ jí xiǎo zhuàn zhōng dōu xiàng yì zhī
字，在甲骨文、金文以及小篆中，都像一只

yòu shǒu　de yàng zi　yě jiù shì shuō　yòu　zì de běn yì shì
"右手"的样子，也就是说"又"字的本义是

yòu　yòu shǒu
"右、右手"。

hòu lái rén men yòng　yòu　zì biǎo shì zuǒ yòu de　yòu　ér
后来人们用"右"字表示左右的"右"，而

yòu　zì zé bèi yòng zuò biǎo shì　chóng fù　jì xù　zài yí cì
"又"字则被用作表示"重复、继续，再一次"，

bǐ rú　kàn le yòu kàn
比如"看了又看"。

演变过程　又字的前世今生

| 甲骨文 | 金文 | 小篆 | 隶体 | 楷体 |

liǔ àn huā míng yòu yì cūn　zhè jù huà chū zì nán sòng lù yóu
"柳暗花明又一村"这句话出自南宋陆游

de yì shǒu shī　yuán běn shì xíng róng chūn tiān de měi lì jǐng sè　xiàn zài
的一首诗,原本是形容春天的美丽景色,现在

duō yòng lái bǐ yù kùn jìng zhōng chū xiàn le zhuǎn jī
多用来比喻困境中出现了转机。

春风又绿江南岸

又	2画,独体字	笔顺: 乙 又							
	书写要求:撇收捺展,相交于田字格的中心点。								
	又	又	又	又					

hé

扩词：和气、和好、心平气和

"和而不同"中的"和"字，在甲骨文中的写法，右边是"（禾）"，表示读音。左下部是编集在一起的几支竹管，左上部是一个倒置的"口"，表示用嘴巴吹奏这些竹管。由此可见，"和"字最初是指一种乐器。现在，"和"字多用来指"协调""平静"，比如"和谐""和气"。

此外，"和"字还读作"hè"，意思是"跟着唱"，比如"一唱一和"。

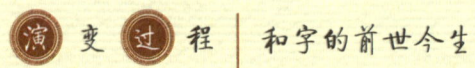

演变过程　和字的前世今生

| 甲骨文 | 金文 | 小篆 | 隶体 | 楷体 |

hé ér bù tóng　　yì cí lái yuán yú　lún yǔ　　yì si shì
"和而不同"一词来源于《论语》，意思是
yǔ rén hé mù xiāng chǔ dàn què yǒu zì jǐ de lì chǎng　bù suí biàn fù
与人和睦相处但却有自己的立场，不随便附
hè huò zhě tǎo hǎo tā rén　　zhè shì rú jiā sī xiǎng zhōng duì jūn zǐ wéi
和或者讨好他人。这是儒家思想中对君子为
rén de yāo qiú　xiàn shí shēng huó zhōng wǒ men yě yīng gāi zhè yàng zuò
人的要求，现实生活中我们也应该这样做。

和与唱

和	8画，左右结构	笔顺：ノ 二 千 禾 禾 禾 和 和							
	书写要求：短撇略平，横要左伸，撇不过头，点不过尾，口小偏下。								
	和	和	和	和					

竹 zhú

扩词：竹子、竹林、胸有成竹

郑板桥爱竹子也擅长画竹子，"未出土时先有节，已到凌云仍虚心"是他描写竹子的诗句。"竹"字在甲骨文、金文以及小篆中的形体看起来像两根带叶子的竹枝，由此可见"竹"的本义是"竹子"，比如"竹林""竹园"。

此外，"竹"字也被用来表示竹制的乐器，比如"金石丝竹（泛指各种乐器）"。

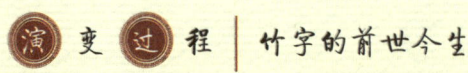

演变过程 | 竹字的前世今生

| 甲骨文 | 金文 | 小篆 | 隶体 | 楷体 |

sū dōng pō céng shuō　nìng kě shí wú ròu　bù kě jū wú zhú
苏东坡曾说，宁可食无肉，不可居无竹。

zhōng guó rén　yóu qí shì wén rén　zì gǔ yǐ lái duì zhú zi dōu qíng yǒu
中国人，尤其是文人，自古以来对竹子都情有

dú zhōng　　yuán yīn shì rén
独钟。原因是人

men rèn wéi zhú zi jù yǒu xū
们认为竹子具有虚

xīn　　yǒu qì jié děng pǐn gé
心、有气节等品格，

yīn cǐ lì lái wéi rén men suǒ
因此历来为人们所

xǐ ài hé gē sòng
喜爱和歌颂。

一枝高竹

竹	6画，左右结构　笔顺： ノ ｜ ｆ ｆ 竹 竹
	书写要求：左小右大，左短右长，撇画略长，横画要短。
	竹　竹　竹　竹

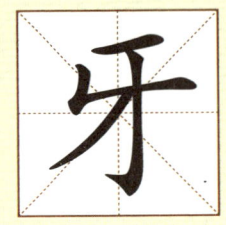

yá

扩词：月牙、大牙、虎口拔牙

mì fēng wèi zhǔ gè mó yá　yǎo jìn cūn zhōng wàn mù huā　zhōng
"蜜蜂为主各磨牙，咬尽村中万木花"中

yá　　zì de běn yì shì　cáo yá　　jiù shì wǒ men zuǐ ba lǐ hòu
"牙"字的本义是"槽牙"，就是我们嘴巴里后

bàn bù fen nà xiē yá chǐ　sú chēng dà yá　jīn wén zhōng de　yá
半部分那些牙齿，俗称大牙。金文中的"牙"

zì　shì bú shì hěn xiàngshàng　xià cáo yá yǎo hé jiāo cuò de yàng zi
字，是不是很像上、下槽牙咬合交错的样子？

zài gǔ dài　yá　shì zhǐ　cáo yá　　chǐ　shì zhǐ
在古代，"牙"是指"槽牙"，"齿"是指

mén yá　　ér xiàn zài zé duō yǐ　yá　zuò wéi　yá chǐ　de
"门牙"。而现在则多以"牙"作为"牙齿"的

tōng chēng　bǐ rú　yá yī　　yá shuā
通称，比如"牙医""牙刷"。

演变过程 ┃ 牙字的前世今生

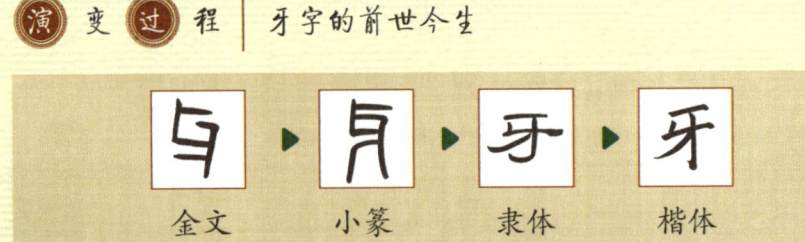

金文　　小篆　　隶体　　楷体

　　提到"牙签"，多数人首先会想到"用来清除牙缝间残留食物的细签"。事实上，"牙签"一词在古时候是指用牙骨做成的"书签"或"书籍"。比如"书几无人尘不扫，一钩蛛网挂牙签。""牙签三万卷，过眼不再读"等。

姐姐教我刷牙

牙	4画，独体字	笔顺： 一 二 于 牙
	书写要求：两横平行，横不宜长，竖钩右弯，撇不宜长。	

mǎ

扩词：白马、牛马、一马当先

"夜阑卧听风吹雨，铁马冰河入梦来"
中的"马"是一个象形字，正如它在甲骨文
中的形体，马尾朝下，马腿朝左，脖子上的鬃
毛都看得见，非常形象。金文、小篆时"马"
字的写法逐渐简化，但多少还是能看出一些马
的样子。

在古代，马是农业生产、交通运输和军事
战争的重要工具，随着科技的不断发展，马
逐渐退出了原来的舞台。

演变过程 马字的前世今生

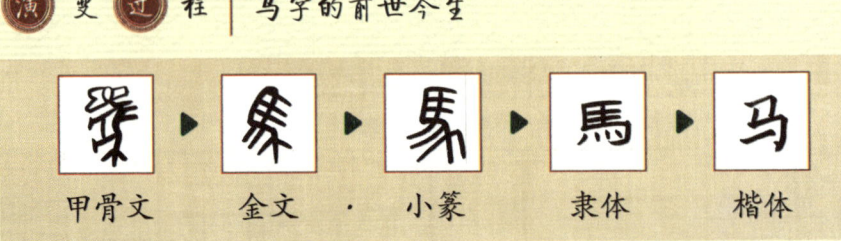

甲骨文　　金文·小篆　　隶体　　楷体

　　mǎ hu　yì cí yòng yú xíng róng yí gè rén zuò shì cū xīn
　　"马虎"一词用于形容一个人做事粗心。

chuán shuō sòng cháo shí yǒu gè huà jiā bǎ suí yì huà chéng de yì fú hǔ
传说宋朝时有个画家把随意画成的一幅"虎

tóu mǎ shēn　de huà guà zài qiángshàng　tā gào sù dà ér zi huà lǐ huà
头马身"的画挂在墙上，他告诉大儿子画里画

de shì hǔ　gào sù xiǎo ér
的是虎，告诉小儿

zi huà lǐ huà de shì mǎ
子画里画的是马。

hòu lái　dà ér zi bǎ rén
后来，大儿子把人

jia de mǎ dàngchéng lǎo hǔ gěi
家的马当成老虎给

shè sǐ le　ér xiǎo ér zi
射死了，而小儿子

yīn wèi bǎ lǎo hǔ dàngchéng mǎ
因为把老虎当成马

ér bèi lǎo hǔ chī le
而被老虎吃了。

铁马冰河入梦来

马	3画，独体字	笔顺： 马 马
	书写要求：上窄下宽，下是上的两倍宽，三竖平行、稍向左斜，横向左伸。	

马　马　马　马

用 yòng

扩词：中用、不用、大材小用

tóu shàng hóng guān bù yòng cái　mǎn shēn xuě bái zǒu jiāng lái
"头 上 红 冠 不 用 裁，满 身 雪 白 走 将 来"

zhōng de　yòng　zì　zài jiǎ gǔ wén yǐ jí jīn wén zhōng de xíng tǐ kàn
中 的 "用" 字，在 甲 骨 文 以 及 金 文 中 的 形 体 看

shàng qù xiàng yí gè mù tǒng　kě jiàn　yòng　zì de běn yì jiù shì
上 去 像 一 个 木 桶，可 见 "用" 字 的 本 义 就 是

tǒng　tǒng néng tí shuǐ　duì rén men yǒu yí dìng de yòng chù　suǒ yǐ
"桶"。桶 能 提 水，对 人 们 有 一 定 的 用 处，所 以

yòng　zì zé yǒu le　shǐ yòng　gōng yòng　de hán yì　bǐ rú
"用" 字 则 有 了 "使 用" "功 用" 的 含 义，比 如

gǔ wéi jīn yòng　háo wú zuò yòng
"古 为 今 用" "毫 无 作 用"。

演 变 过 程 ｜ 用字的前世今生

甲骨文　　金文　　小篆　　隶体　　楷体

lǎo shī huò fù mǔ jīng cháng tí xǐng wǒ men bú yào　　yì xīn èr
老师或父母经常提醒我们不要"一心二

yòng　fǒu zé jiù huì xiào lǜ hěn dī　　yīn cǐ wǒ men yào péi yǎng zì
用",否则就会效率很低。因此我们要培养自

jǐ de zhuān zhù lì　zhú jiàn yǎng chéng quán shén guàn zhù de liáng hǎo xí
己的专注力,逐渐养成全神贯注的良好习

guàn
惯。

用桶担水吃

用	5画,半包围结构　笔顺: ノ 冂 刀 月 用					
	书写要求:撇为竖撇,横折钩要横轻竖重,内部则有竖贯穿、横跑中间。					
	用	用	用	用		

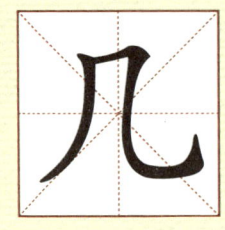

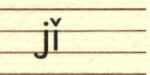

jǐ

扩词：几个、几人、相差无几

cháng fēng jǐ wàn lǐ　　chuī dù yù mén guān　zhōng de　　jǐ
"长风几万里，吹度玉门关"中的"几"

shì　jǐ　de jiǎn huà zì　yì bān yòng lái biǎo shì　yǒu dàn jiào shǎo
是"幾"的简化字，一般用来表示"有但较少"，

bǐ rú　xiāng chà wú jǐ　　jǐ　yě bèi yòng lái xún wèn shù mù
比如"相差无几"。"几"也被用来询问数目，

bǐ rú　nǐ dài le jǐ zhī qiān bǐ
比如"你带了几支铅笔？"

cǐ wài　jǐ　zì zài dú zuò　de shí hou　běn yì shì
此外，"几"字在读作"jī"的时候，本义是

zhuō zi　bǐ rú chá jī　ér zài dàng zhuō zi　jiě shì shí
"桌子"，比如"茶几"。而在当"桌子"解释时，

jǐ　zài jīn wén hé xiǎo zhuàn zhōng fēn bié xiě zuò　hé
"几"在金文和小篆中分别写作"∩"和"∧"，

shì bú shì hěn xíng xiàng
是不是很形象？

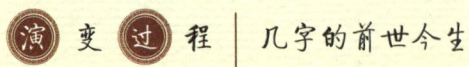

演 变 过 程 ｜ 几字的前世今生

金文　　小篆　　隶体　　楷体

chuāng míng jī jìng   de yì si shì fáng wū lǐ de wèi shēng
"窗 明 几 净"的 意 思 是 房 屋 里 的 卫 生

zhuàng kuàng fēi cháng hǎo   chuāng hu hé zhuō zi děng dōu míng liàng jié
状 况 非 常 好，窗 户 和 桌 子 等 都 明 亮 洁

jìng   qǐng wèn nǐ de fáng jiān yǒu bǎo chí   chuāng míng jī jìng   ma
净。请 问 你 的 房 间 有 保 持"窗 明 几 净"吗？

几凳四只脚

几	2画，独体字	笔顺：丿几
	书写要求：撇写得直一点、不宜过长，短横上斜，竖向左弯，弯钩勿宽。	

几　几　几　几

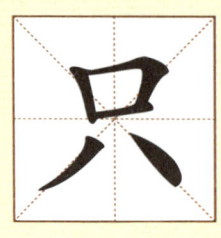

zhī

扩词：五只、只身、只言片语

"只言片语"的"只"是由"隻"字简化而来的。甲骨文中的"隻"是由"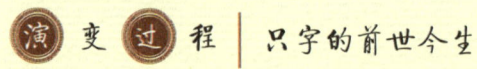"（隹，意思是"鸟"）和两个""（即手）组成的，表示用手抓着一只鸟，由此可见，"只"字的本义是"鸟一个"，后来引申为"单一的、单独的"，比如"只身一人"。"只"字还作量词使用，比如"一只鹅"。

另外，只字还读作"zhǐ"，比如"只有""只是"。

演变过程 | 只字的前世今生

甲骨文	金文	小篆	隶体	楷体

拓 **文** 展 **字** ｜ 只重衣衫不重人

sú huà shuō　　zhǐ zhòng yī shān bú zhòng rén　　　yì si shì kàn rén
俗话说"只重衣衫不重人"，意思是看人

zhǐ kàn tā de chuān yī dǎ ban　　dàn shì shí gào sù wǒ men　jǐn yī jù
只看他的穿衣打扮。但事实告诉我们，仅依据

yī zhuó lái pàn duàn yí gè rén shì bù zhǔn què hé bù kě qǔ de
衣着来判断一个人是不准确和不可取的。

两只春燕

只	5画，上下结构	笔顺：丨冂口尸只
	书写要求：口不宜大，上宽下窄，两点展开，左右呼应。	
	只 只 只 只	

187

shí

扩词：石头、山石、水落石出

"明月松间照，清泉石上流"中"石"字的本义是"石头"，比如"炼石补天""飞沙走石"。甲骨文的"石"字，右边的"乛"表示山崖，"凵（口）"则代表山崖上的矿物质硬块，即石头。金文和小篆时，表示山崖的部分 转移到了左侧并简化为"厂、厂"。

演变过程 ┃ 石字的前世今生

| 甲骨文 | 金文 | 小篆 | 隶体 | 楷体 |

shí tou hé jīn shǔ duō shì jiān yìng láo gù de　　rú guǒ liǎng gè rén
石头和金属多是坚硬牢固的，如果两个人
zhī jiān de jiāo qing hěn shēn　　jiù xiàng shí tou hé jīn shǔ yí yàng láo bù kě
之间的交情很深，就像石头和金属一样牢不可
pò　　nà jiù kě yǐ chēng wéi　　jīn shí zhī jiāo
破，那就可以称为"金石之交"。

顽石

石	5画,独体字	笔顺：一ｆ尸石石
	书写要求：横短撇长，口偏右下。	

石 石 石 石

duō

扩词：多少、多云、见多识广

　　杜甫和李白是好朋友，他用"鸿雁几时到，江湖秋水多"来表达对李白的想念之情。

　　这里的"多"本义是指"数量大"，比如"多年""见多识广"。从甲骨文到今天的简体字，"多"都是由两个"夕"组合而成的。"夕"的意思是夜晚，两个"夕"组合在一起则表示一个夜晚接着另一个夜晚、循环相续，自然就含有"数量大"的意思了。

演 变 过 程　｜　多字的前世今生

| 甲骨文 | 金文 | 小篆 | 隶体 | 楷体 |

拓 **文** 展 **字** ｜ 多行不义必自毙

chūn qiū shí zhèng zhuāng gōng de mǔ qīn bāng zhù zhèng zhuāng gōng
春 秋 时，郑 庄 公 的 母 亲 帮 助 郑 庄 公

de dì di cuàn duó wáng wèi zhèng zhuāng gōng shuō duō xíng bú yì
的 弟 弟 篡 夺 王 位。郑 庄 公 说："多 行 不 义，

bì zì bì zǐ gū dài zhī dà yì shì nǐ děng zhe kàn ba huài shì
必 自 毙，子 姑 待 之。"大 意 是 你 等 着 看 吧，坏 事

zuò duō le yí dìng méi yǒu hǎo xià chǎng zhè jiù shì chéng yǔ duō xíng
做 多 了 一 定 没 有 好 下 场。这 就 是 成 语"多 行

bú yì bì zì bì de lái yuán
不 义 必 自 毙"的 来 源。

果多

多	6画，上下结构	笔顺：⺈ㄅ夕夕多多					
	书写要求：上小下大，多撇平行，末撇长伸。						
	多	多	多	多			

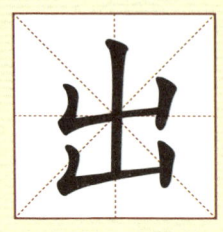

chū

扩词：出口、出力、出人意料

"劝君更尽一杯酒，西出阳关无故人"中的"出"字，在甲骨文中写作"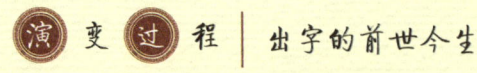"，下部是指居所的洞口或者说是门口，上边的"屮"是指"脚"，表示迈步从洞穴或者屋子里面走出来。可见"出"的本义是"从里面到外面"，比如"出来""出口成章""出污泥而不染"。

另外，"出"还有"超过"的意思，比如"喜出望外""无出其右"。

演变过程 | 出字的前世今生

| 甲骨文 | 金文 | 小篆 | 隶体 | 楷体 |

拓 文 展 字 | 出口成章

yí gè rén shuō huà　tiáo lǐ qīng xī　 yǔ jù yōu měi　shuō chū lái
一个人说话，条理清晰、语句优美，说出来

de huà xiàng yì piān wén zhāng yí yàng　 wǒ men jiù shuō tā shì　 chū kǒu
的话像一篇文章一样，我们就说他是"出口

chéng zhāng　　 rú guǒ nǐ　yě xiǎng yǒu zhè zhǒng hǎo kǒu cái jiù　yí dìng yào
成 章"。如果你也想有这种好口才就一定要

duō jī lěi zhī shi　 duō jìn xíng biǎo dá xùn liàn
多积累知识，多进行表达训练。

出来觅食

出	5画，独体字　笔顺：丨丨屮出出
	书写要求：短竖内收，左右对称，竖要上伸，两横靠近。
	出　出　出　出

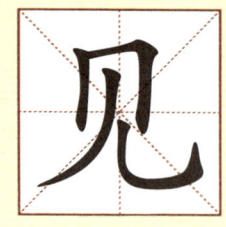

jiàn

扩词：不见、多见、开门见山

"君不见黄河之水天上来"中的"见"字，在甲骨文中的写法，下边是一个"𠂉（人）"，上边加一个表示眼睛的"𭕣（目）"字，而且把这个"𭕣（目）"字写得大大的，强调人睁大眼睛"看见"这个含义，而"看见"正是"见"字的本义，比如"开门见山"。

此外，"见"字还读作"xiàn"，比如"图穷匕见"。

演变过程 ｜ 见字的前世今生

| 甲骨文 | 金文 | 小篆 | 隶体 | 楷体 |

"图穷匕见"是用来比喻事情发展到最后，真相或者本意才显露出来。这个成语说的是战国时，燕国的荆轲去刺杀秦王嬴政，他把武器藏在给秦王看的地图里，地图展开到最后就露出了那把短剑。

觅见

见	4画，独体字	笔顺：丨冂贝见
	书写要求：上部要窄，斜撇居中起笔，弯钩稍宽，钩向上方。	

duì

扩词：对门、不对、对答如流

jǔ bēi yāo míng yuè   duì yǐng chéng sān rén   zhōng de   duì
"举杯邀明月，对影成三人"中的"对"

zì zài jiǎ gǔ wén zhōng   zuǒ biān de   dài biǎo huǒ bǎ huò zhě dēng
字在甲骨文中，左边的"茻"代表火把或者灯

zhī lèi de dōng xi   yòu biān de   shì yì zhī shǒu biǎo shì shǒu jǔ
之类的东西，右边的"彐"是一只手，表示手举

zhe huǒ bǎ chòng zhe xū yào zhào míng de dōng xi   yóu cǐ kě jiàn   duì
着火把冲着需要照明的东西，由此可见"对"

zì yǒu   xiàng zhe   cháo xiàng   de yì si   bǐ rú   duì niú tán
字有"向着、朝向"的意思，比如"对牛弹

qín   duì jiǔ dāng gē
琴""对酒当歌"。

duì   zì hái yǒu   zhèng què   de yì si   bǐ rú   bú
"对"字还有"正确"的意思，比如"不

duì   nǐ zuò duì le
对""你做对了"。

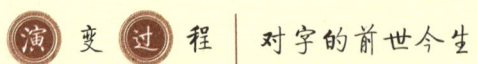

演 变 过 程 | 对字的前世今生

| 甲骨文 | 金文 | 小篆 | 隶体 | 楷体 |

zhàn guó shí qī yǒu yí gè jiào gōng míng yí de rén tā céng jīng
战国时期有一个叫公明仪的人，他曾经

wèi yì tóu niú tán le yì shǒu gāo yǎ de yuè qǔ niú háo bù lǐ huì
为一头牛弹了一首高雅的乐曲，牛毫不理会。

tā yòu yòng qín mó fǎng wén zi de shēng yīn hé xiǎo niú mōu mōu de jiào
他又用琴模仿蚊子的声音和小牛哞哞的叫

shēng yú shì zhè tóu niú jiù yáo wěi ba shù ěr duo zhè jiù shì duì
声，于是这头牛就摇尾巴、竖耳朵。这就是"对

niú tán qín de gù shi yóu cǐ wǒ men míng bai le yí gè dào lǐ
牛弹琴"的故事，由此我们明白了一个道理，

nà jiù shì wú lùn shuō huà hái shì bàn shì dōu yào kàn duì xiàng yào zuò
那就是无论说话还是办事，都要看对象，要做

dào yīn rén ér yì yīn shì ér yì
到因人而异、因事而异。

对弈

对	5画，左右结构	笔顺：フ又丶对对
	书写要求："又"小偏上，横对交叉点，竖钩直挺，点画靠上。	

对 对 对 对

mā

扩词：妈妈、大妈、婆婆妈妈

　　yīng ér hū jiào mǔ qīn de fā yīn　　　　hé mǎ zì de
婴儿呼叫母亲的发音"mɑ"和"马"字的

fā yīn xiāng jìn　suǒ yǐ jiù yòng　mǎ　zì biǎo shì mā zì de dú yīn
发音相近，所以就用"马"字表示妈字的读音，

zuǒ biān shì　nǚ　zì　yóu cǐ kě jiàn　mā　shì yí gè xíng shēng
左边是"女"字，由此可见"妈"是一个形声

zì　　mā　zì de běn yì shì　mǔ qīn　hòu lái　mā　zì yě
字。"妈"字的本义是"母亲"，后来"妈"字也

bèi yòng lái chēng hu nǚ xìng de zhǎng bèi　bǐ rú　　gū mā　　yí
被用来称呼女性的长辈，比如"姑妈""姨

mā　děng
妈"等。

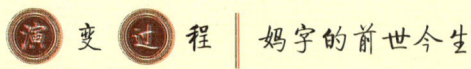

| 金文 | 小篆 | 隶体 | 楷体 |

_{shì jiè shàng yǒu hěn duō zhǒng yǔ yán xiāng hù zhī jiān de fā yīn}
世界上有很多种语言，相互之间的发音
_{chā yì hěn dà dàn shì mā ma yì cí de fā yīn zài duō zhǒng yǔ}
差异很大。但是"妈妈"一词的发音在多种语
_{yán zhōng què jīng rén de xiāng sì dōu shì fā zhè gè yīn bǐ}
言中却惊人的相似，都是发"ma"这个音，比
_{rú yīng wén zhōng de rì yǔ zhōng de}
如，英文中的"mom"，日语中的"ママ"。

妈妈

妈	6画，左右结构	笔顺：ㄥ 乄 女 女 妈 妈 妈					
	书写要求：撇直点斜，第二撇收紧，提向左伸，马字偏下，右下突出。						
	妈	妈	妈	妈			

quán

扩词：全天、全对、全心全意

　　"人有悲欢离合，月有阴晴圆缺，此事古难全"中的"全"字，在金文中的写法，上边是"∧（入）"字，下边是"王（玉）"字（古时玉字的写法没有点），意思是用于进贡的玉石必须是高纯度的宝玉。由此可见，"全"字的本义是"纯玉"。

　　后来，由"纯玉"引申为"完整，不缺少"，比如"完全""智勇双全"。另外"全"还有"整个"的意思，比如"全国""全力以赴"。

演 变 过 程 ┃ 全字的前世今生

| 金文 | 小篆 | 隶体 | 楷体 |

sú huà shuō   má què suī xiǎo   wǔ zàng jù quán   yì si shì
俗话说"麻雀虽小，五脏俱全"，意思是

jǐn guǎn má què de shēn tǐ hěn xiǎo   dàn wǔ zàng liù fǔ yí yàng yě bù
尽管麻雀的身体很小，但五脏六腑一样也不

shǎo   bǐ yù shì wù tǐ jī huò guī mó suī rán xiǎo   dàn shì jù bèi de
少。比喻事物体积或规模虽然小，但是具备的

nèi róng què hěn qí quán
内容却很齐全。

全家

全	6画，上下结构	笔顺：ノ人ム仝仐全全
	书写要求：撇捺舒展，左右对称，三横平行等距，末横最长。	

全 全 全 全

huí

扩词：来回、回头、春回大地

tiān mén zhōng duàn chǔ jiāng kāi　　bì shuǐ dōng liú zhì cǐ huí
"天 门 中 断 楚 江 开 ， 碧 水 东 流 至 此 回"

zhōng de　　huí　 zì　 zài jīn wén zhōng de xíng tǐ xiàng shì shuǐ de xuán
中 的 "回" 字 ， 在 金 文 中 的 形 体 像 是 水 的 漩

wō　 yóu cǐ wǒ men shuō　 huí　 zì de běn yì shì　 xuán zhuǎn　　 bǐ
涡 ， 由 此 我 们 说 "回" 字 的 本 义 是 "旋 转"， 比

rú　 huí láng　　huí xuán
如 "回 廊" "回 旋"。

xiàn zài　　wǒ men duō yòng　 huí　 zì biǎo shì　 huí dào yuán dì
现 在 ， 我 们 多 用 "回" 字 表 示 "回 到 原 地"，

bǐ rú　 huí lái　　chūn huí dà dì
比 如 "回 来" "春 回 大 地"。

演 变 过 程 ｜ 回字的前世今生

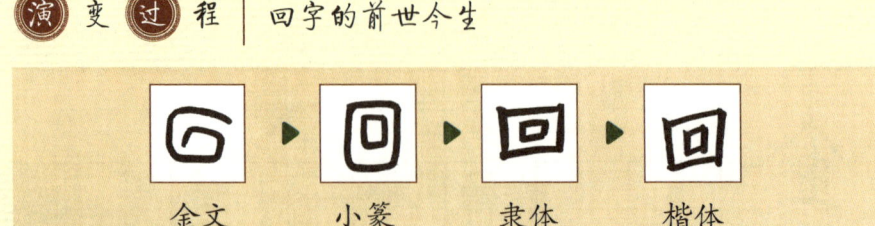

金文　　　小篆　　　隶体　　　楷体

　　sú huà shuō　　rù bǎo shān ér kōng huí　　　yì si shì dào le biàn
　俗话说"入宝山而空回"，意思是到了遍

dì shì hǎo dōng xi de shān lǐ què shén me yě méi ná jiù huí lái le
地是好东西的山里却什么也没拿就回来了。

xiǎng xiang wǒ men yù dào le　yí wèi yōu xiù de lǎo shī què bù hǎo hǎo de
想想我们遇到了一位优秀的老师却不好好地

xiàng tā xué xí　shì bú shì yě shì tóng yàng de dào lǐ
向他学习，是不是也是同样的道理？

回家

| 回 | 6画，全包围结构 | 笔顺：丨冂冂冋回回 |
| | 书写要求：外框方正，上宽下窄，内部居中，字不宜大。 |

回　回　回　回

203

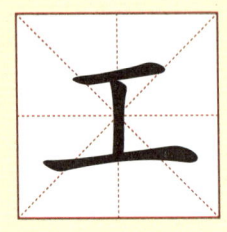

gōng

扩词：工人、木工、巧夺天工

"巧夺天工"的"工"是一个象形字。

"工"在甲骨文和金文中的形体像斧头一类带有锋刃的刀具，所以我们说"工"的本义是"工具"。

后来从本义"工具"引申为"使用工具的人"，即工人。比如"木工""能工巧匠"。

演 变 过 程 ｜ 工字的前世今生

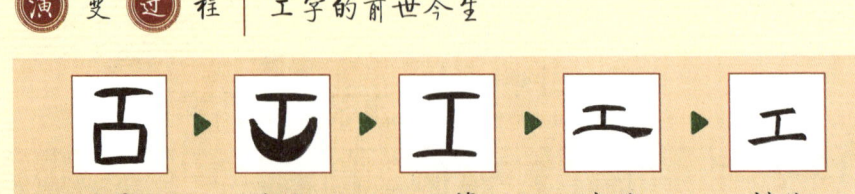

甲骨文　　金文　　小篆　　隶体　　楷体

gōng yù shàn qí shì　bì xiān lì qí qì　de yì si shì gōng

"工欲善其事，必先利其器"的意思是工

jiàng yào xiǎng bǎ gōng zuò zuò hǎo　bì xū děi xiān bǎ zì jǐ de gōng jù

匠要想把工作做好，必须得先把自己的工具

dǎ mó fēng lì　bǐ yù yào bǎ yí jiàn shì zuò hǎo　shì qián de zhǔn bèi

打磨锋利，比喻要把一件事做好，事前的准备

gōng zuò fēi cháng zhòng yào

工作非常重要。

我们一起工作

工	3画，独体字	笔顺： 一 丁 工
	书写要求：整字略扁，上横短下横长，短竖向右挺。	

工 工 工 工

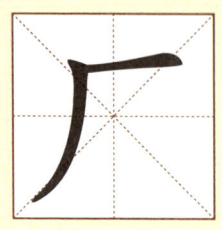

chǎng

扩词：工厂、厂长

chǎng zài jīn wén hé xiǎo zhuàn zhōng fēn bié xiě zuò
"厂"在金文和小篆中分别写作"厂"和

xiě fǎ hé jiǎn tǐ de chǎng zì qū bié bú dà kàn qǐ lái jiù
"厂"，写法和简体的厂字区别不大，看起来就

xiàng āi zhe shān yá dā jiàn ér chéng de méi yǒu qiáng bì de jiǎn yì jiàn
像挨着山崖搭建而成的没有墙壁的简易建

zhù yóu cǐ wǒ men shuō chǎng zì de běn yì shì péng shè
筑，由此我们说"厂"字的本义是"棚舍"。

xiàn zài chǎng zì duō yòng lái biǎo shì gōng chǎng jí zhì
现在，"厂"字多用来表示"工厂"，即制

zào shēng huó yòng pǐn huò shēng chǎn zī liào de dì fang
造生活用品或生产资料的地方。

演 变 过 程 ｜ 厂字的前世今生

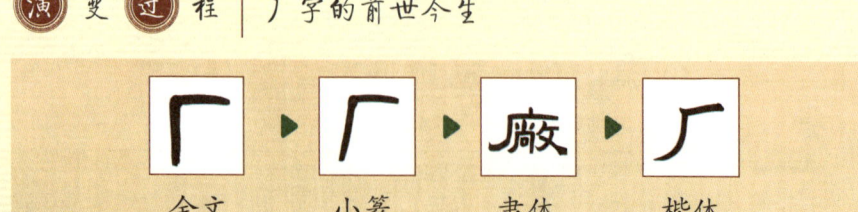

| 金文 | 小篆 | 隶体 | 楷体 |

"工厂"和我们的生活息息相关，我们日常使用的车子以及身上穿的衣服、鞋子等都来源于工厂。那么你知道这些物品都是怎么生产出来的吗？有机会的话去参观一下相关的工厂吧。

依山架厂

厂	2画，独体字	笔顺：一 厂
	书写要求：横往上斜，竖撇舒展，撇锋指向左下角。